AF275205

COLEX

Disfrute gratuitamente **DURANTE UN AÑO** de los eBook y audiolibros de las obras de Editorial Colex*

- ⊗ Acceda a la página web de la editorial **www.colex.es**

- ⊗ Identifíquese con su usuario y contraseña. En caso de no disponer de una cuenta regístrese.

- ⊗ Acceda en el menú de usuario a la pestaña «Mis códigos» e introduzca el que aparece a continuación:

RASCAR PARA VISUALIZAR EL CÓDIGO

Medidas cautelares en el orden civil. Paso a paso

- ⊗ Una vez se valide el código, aparecerá una ventana de confirmación y su eBook y/o audiolibro estará disponible **durante 1 año desde su activación** en la pestaña «Mis libros» en el menú de usuario.

---

* Los audiolibros están disponibles en las ediciones más recientes de nuestras obras. Se excluyen expresamente las colecciones «Códigos comentados», «Biblioteca digital» y los productos de www.vademecumlegal.es.

No se admitirá la devolución si el código promocional ha sido manipulado y/o utilizado.

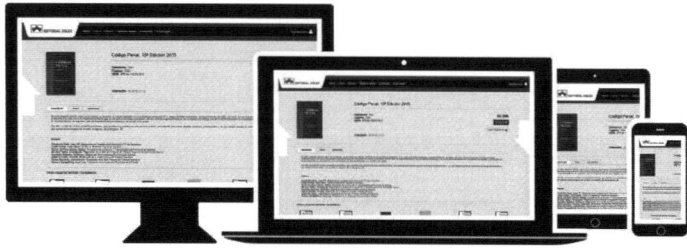

¡Gracias por confiar en nosotros!

La obra que acaba de adquirir incluye de forma gratuita la versión electrónica. Acceda a nuestra página web para aprovechar todas las funcionalidades de las que dispone en nuestro lector.

Funcionalidades eBook

Acceso desde cualquier dispositivo con conexión a internet

Idéntica visualización a la edición de papel

Navegación intuitiva

Tamaño del texto adaptable

Síguenos en:

MEDIDAS CAUTELARES EN EL ORDEN CIVIL

Guía sobre los aspectos más relevantes de la solicitud de medidas cautelares en los procedimientos civiles

MEDIDAS CAUTELARES EN EL ORDEN CIVIL

Guía sobre los aspectos más relevantes de la solicitud de medidas cautelares en los procedimientos civiles

2.ª EDICIÓN 2024

Obra realizada por el Departamento de Documentación de Iberley

COLEX 2024

© Editorial Colex, S.L.
Calle Costa Rica, número 5, 3º B (local comercial)
A Coruña, C.P. 15004
info@colex.es
www.colex.es

I.S.B.N.: 978-84-1194-594-3
Depósito legal: C 1596-2024

SUMARIO

ANEXO II. FORMULARIOS

1.
LAS MEDIDAS CAUTELARES EN EL ORDEN CIVIL

Las medidas cautelares en el orden civil encuentran su regulación en la Ley de Enjuiciamiento Civil, concretamente en el título VI, libro III de la meritada ley, la cual, subdivide dicha regulación a través de los capítulos I a V, dedicados a las siguientes cuestiones:

- Disposiciones generales (artículos 721 a 729 de la LEC).
- Procedimiento a seguir para su adopción (artículos 730 a 738 de la LEC).
- Oposición a las medidas cautelares adoptadas sin audiencia del demandado (artículos 739 a 742 de la LEC).
- Modificación y alzamiento de las medidas cautelares (artículos 743 a 745 de la LEC).
- Caución sustitutoria de las medidas cautelares (artículos 746 y 747 de la LEC).

Así pues, y de conformidad con lo estipulado en la exposición de motivos de la LEC, la regulación de estas se lleva a cabo a través de un conjunto unitario de preceptos, (artículos 721 y ss.), sentándose de esta manera, sus presupuestos y procedimientos de forma clara, pero de manera genérica, de modo que tal y como más adelante comprobaremos, nos encontramos con un régimen abierto de medidas cautelares y no un sistema de número limitado o cerrado.

Otros preceptos regulan las **medidas cautelares específicas contempladas para algunos procesos civiles especiales**. La principal característica que encontramos en la mayoría de estas excepcionalidades es la posibilidad de que las medidas cautelares sean adoptadas **de oficio**. En este sentido, podemos destacar los siguientes:

- **Medidas cautelares relativas a la capacidad de las personas** del artículo 762 de la LEC, donde se posibilita que las medidas cautelares sean adoptadas, de oficio o a instancia de parte.
- **Procesos de filiación, paternidad y maternidad** al establecer el artículo 768 de la LEC que mientras dure el procedimiento por el que se

impugne la filiación, el tribunal adoptará las medidas de protección oportunas sobre la persona y bienes del sometido a la potestad del que aparece como progenitor.

- **Intervención del caudal hereditario.** Señala el artículo 790 de la LEC que «siempre que el Tribunal tenga noticia del fallecimiento de una persona y no conste la existencia de testamento, ni de ascendientes, descendientes o cónyuge del finado o persona que se halle en una situación de hecho asimilable, ni de colaterales dentro del cuarto grado, adoptará de oficio las medidas más indispensables para el enterramiento del difunto si fuere necesario y para la seguridad de los bienes, libros, papeles, correspondencia y efectos del difunto susceptibles de sustracción u ocultación. De la misma forma procederá cuando las personas de que habla el párrafo anterior estuvieren ausentes o cuando alguno de ellos sea menor o tenga capacidad modificada judicialmente y no tenga representante legal».

- **Juicio cambiario.** A parte de los procesos especiales relativos al derecho de familia a los que hemos hecho referencia, por su parte, el artículo 821 de la LEC, incluye como medida cautelar en el juicio cambiario el embargo preventivo.

> **A TENER EN CUENTA.** Además de lo señalado en relación con los anteriores procesos especiales, en caso de suspensión de un proceso en que se ejercite la acción individual de un consumidor instando la declaración de abusividad de una cláusula contractual, se podrán acordar de oficio, y sin prestar caución, las medidas cautelares que garanticen la eficacia de un eventual pronunciamiento estimatorio. Así se desprende de los apartados segundo y tercero del art. 721 LEC tras la reforma realizada por el RD-ley 6/2023, de 19 de diciembre, con vigencia desde el 20/03/2024.

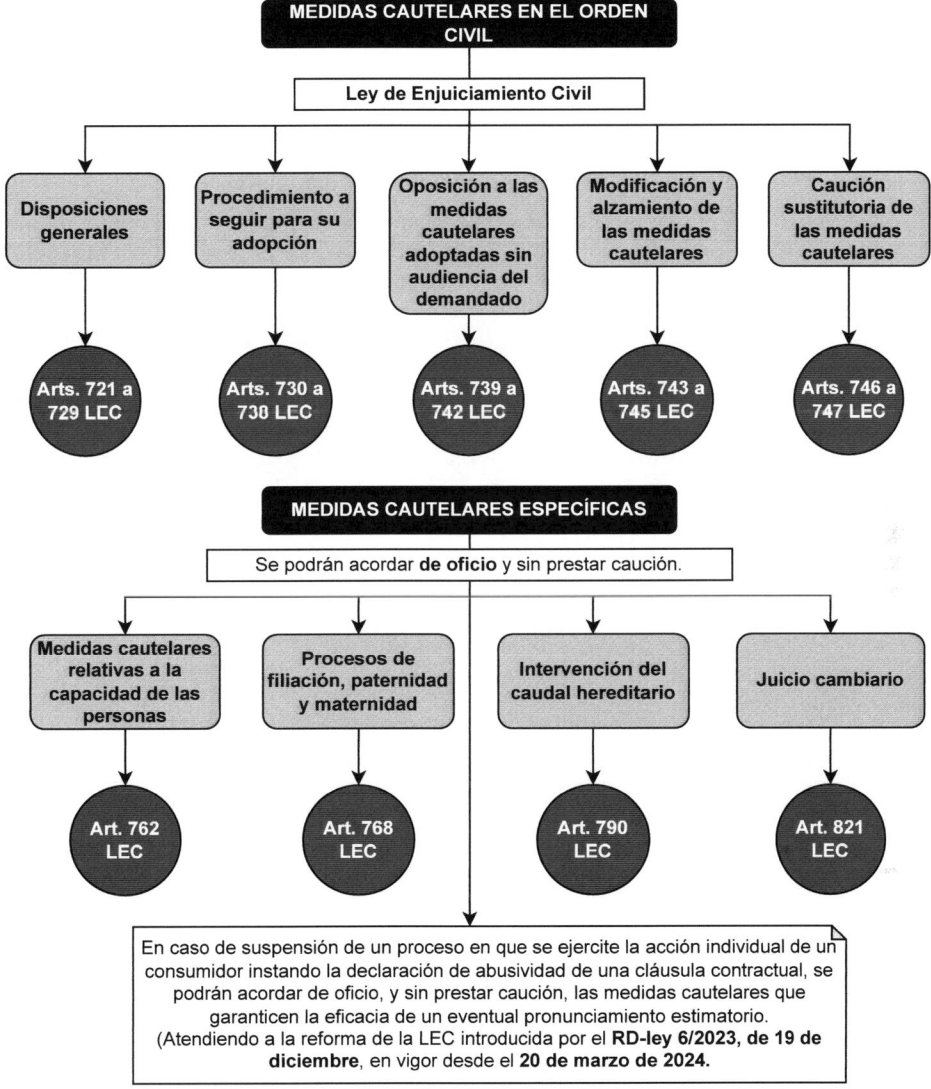

Objetivo y finalidad jurídica de las medidas cautelares

Las medidas cautelares fueron recogidas por nuestro legislador con el objetivo de **afianzar el derecho a la tutela judicial efectiva reconocido en el artículo 24 de la Constitución Española**, toda vez que ese derecho, tal y como ya recogió en su día la **sentencia del Tribunal Constitucional n.º 14/1992, de 10 de febrero, ECLI:ES:TC:1992:14**, «no es tal sin medidas cautelares adecuadas **que aseguren el efectivo cumplimiento de la resolución definitiva que recaiga**».

Sentado lo anterior, podemos establecer el carácter intrínsecamente instrumental que define a las medidas cautelares, al constituirse como aquel conjunto de armas que nuestro ordenamiento jurídico otorga a quienes litigan en un proceso judicial —o pretenden hacerlo— con el fin de que mediante su adopción estos puedan obtener determinadas garantías acerca de la efectividad de las medidas que se impongan en la resolución que en su día de respuesta a la discrepancia planteada.

Debe tenerse claro que la finalidad de las medidas cautelares **no responde a la obtención de una tutela judicial efectiva rápida y provisional** sino que se constituyen como herramienta que impide que durante la tramitación del procedimiento sobre el que se sustentan o sustentarán dichas medidas, se destruya o imposibilite la oportunidad de llevar a efecto lo dispuesto en una futura sentencia estimatoria de las pretensiones del sujeto que las solicita, constituyéndose, en síntesis, como un **pedimento de carácter accesorio, vinculado a la tutela que se pretende en el procedimiento principal, del que dependen, y el que determina su alcance y contenido**, sin que pueda hacerse de las medidas cautelares un procedimiento principal en sí mismo.

De conformidad con lo expuesto, resulta de interés traer a colación la función que de las medidas cautelares y su proceso establece la Sala de nuestro Tribunal Supremo en su **sentencia n.º 283/2013, de 22 de abril, ECLI:ES:TS:2013:3120**: «La finalidad de las medidas cautelares es remover los obstáculos que puedan oponerse a la eficacia de un proceso principal. En este sentido, **el proceso cautelar se puede definir como aquel que tiene por objeto facilitar otro proceso principal garantizando la eficacia de sus resultados**. Por ello, **las medidas cautelares desempeñan una función meramente instrumental**, esto es, se dan porque están en función de un proceso principal ya iniciado o por iniciar, y sólo tienen sentido y razón de ser en aras a ese proceso. Acorde con esta naturaleza jurídica, las medidas cautelares se caracterizan por las notas de instrumentalidad, es decir, que la medida cautelar existe, si existe, a su vez, un proceso que la llene de sentido; y de idoneidad referido a obedecer exclusivamente a la finalidad de garantizar la efectividad de una sentencia estimatoria de la demanda».

Notas y principios intrínsecos de las medidas cautelares

Tal y como hemos establecido anteriormente, la regulación de las medidas cautelares se encuentra recogida, de manera general, en los artículos 721 y siguientes de la Ley de Enjuiciamiento Civil. Del conjunto de su articulado podemos inferir aquellas notas características que han de acompañar a toda medida cautelar:

- **Tutela judicial efectiva**, con el fin de evitar una futura frustración de esta, esto es, combatir el conocido como *periculum in mora*.

- **Accesoriedad**, pues las medidas cautelares carecen de todo sentido de forma independiente al encontrarse tanto su alcance como contenido indefectiblemente unido al procedimiento principal.

- **Provisionalidad y temporalidad**, al interrumpirse su establecimiento tan pronto como desaparezca la necesidad con la que se llevó a cabo su establecimiento.

– **Variabilidad**, en cuanto a que se permite su alteración cuando se produce un cambio en los motivos o circunstancias en los que se fundamentó su adopción. Pueden ser aumentadas, reducidas o sustituidas por otras.

– **Carácter formal de la resolución que decreta su adopción**. Consecuencia directa de las dos características inmediatamente antedichas, esto es, el carácter provisional y la variabilidad de las medidas cautelares es el carácter formal y no material de la sentencia, decreto o providencia que decrete su adopción toda vez que su contenido no es definitivo.

– La **instrumentalidad de su contenido**.

Por su parte, y en lo que respecta al procedimiento cautelar, rigen en este el **principio de oportunidad y principio dispositivo**, al exigirse instancia de parte para su incoación, estableciéndose de forma expresa la prohibición legal de que sean acordadas de oficio por el tribunal —sin perjuicio de lo que se disponga para los procesos especiales—.

Por último, ha de destacarse la **oralidad** que rige esta materia. Así pues, excepto al inicio, que será escrito, la actividad procedimental cautelar se rige por un trámite de vista, en que las partes expondrán lo que estimen oportuno para su derecho, que se llevará a cabo a través de la práctica de las pruebas, alegaciones y cuantía de la caución.

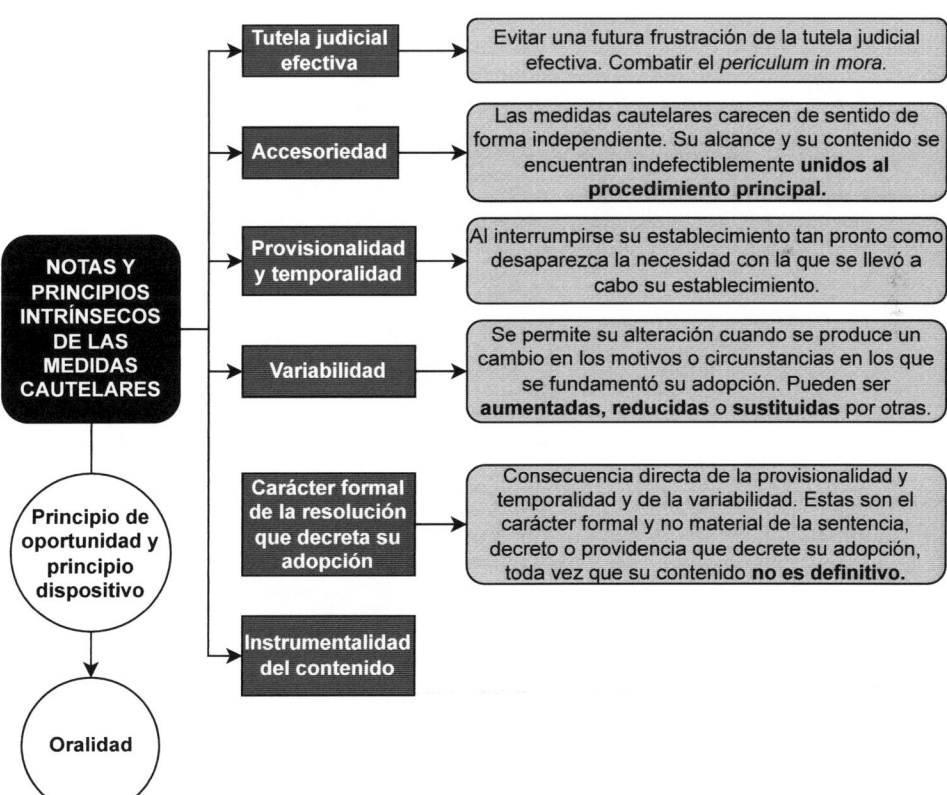

1.1. Concepto y disposiciones generales para la adopción de medidas cautelares en el orden civil

Las **medidas cautelares**, como medidas destinadas a asegurar el efectivo cumplimiento de una futura sentencia estimatoria, se constituyen como un mecanismo que consigue asegurar la efectividad de la tutela solicitada en el proceso principal —o que se solicitará— y respecto del que forman parte y en función del que existen. No pueden ser configuradas como un mecanismo de tutela sumaria, autónomo y sustitutivo del proceso del que dependen.

Así pues, tal y como pone de manifiesto el **auto de la Audiencia Provincial de Madrid, n.º 49/2006, de 20 de enero, ECLI:ES:APM:2006:1309A**: «(...) las medidas cautelares no están pensadas "en vez" del proceso de declaración ni, por ende, para obtener lo mismo que en él, **sino para asegurar**, en tanto aquél se sustancia, que si la sentencia que en definitiva recaiga, es finalmente favorable al peticionario, **podrá ser cumplida o ejecutada** (en sentido amplio) una vez que se dicte. Su función, pues, no radica en otorgar una tutela rápida y provisional sino, exclusivamente, impedir que la conducta del sujeto pasivo mientras se sustancia el proceso de declaración pueda dificultar o imposibilitar la efectividad —en rigor, el cumplimiento o ejecución— de la eventual sentencia condenatoria. Aparece así claro que **en puridad técnica no se puede pedir y obtener a través de la tutela cautelar las mismas restricciones, impedimentos y desapoderamientos con que podrá gravarse al sujeto pasivo tras la sentencia estimatoria** o, dicho de otro modo, lo mismo que obtendría con la ejecución de la sentencia condenatoria postulada; entonces no se aseguraría la ejecución futura, sino que se estaría adelantando la ejecución sin el preceptivo título ejecutivo».

Disposiciones generales y presupuestos necesarios para su adopción

Podemos conceptuar la medida cautelar como una **pretensión instrumental** dirigida a que, judicialmente, antes o en el transcurso del proceso, se adopten una serie de medidas a través de resoluciones procesales que permitan asegurar la eficacia del mismo, evitando así, a través de la conservación, prevención o aseguramiento de los derechos e intereses que se enjuician —o se enjuiciarán—, que pudiere llegar a ser imposible ejecutar la resolución adoptada, como consecuencia de acontecimientos que puedan tener lugar hasta dicho momento. De modo que, tal y como ha expresado la Sala de lo Contencioso del Tribunal Supremo en la **STS, rec. 1653/2013, de 29 de septiembre de 2014, ECLI:ES:TS:2014:3705**, dicha medida **habrá de ser acordada, previa valoración circunstanciada de todos los intereses en conflicto**. Así pues, el tenor literal de la sentencia es el que sigue:

«(...) la medida cautelar es una pretensión instrumental, cuya finalidad radica en garantizar la efectividad del eventual pronunciamiento estimatorio del recurso, de modo que habrá de acordarse, previa valoración circunstanciada de todos los intereses en conflicto, si la ejecución del acto o la aplicación de la disposición pueden hacer perder su finalidad legítima al recurso (artículo 130.1 de la Ley 29/1998). Esos intereses en conflicto no son otros que los de los contendientes en el litigio: el general, representado por la Administración demandada (artículo 103.1 de la Constitución), y el particular del demandante o del círculo de personas que representa o en cuyo beneficio actúa [artículo 19.1, letras a) y b), de la Ley 29/1998]. Quien hace valer una pretensión cautelar no se encuentra legitimado para pedir la adopción de medidas de esa índole arguyendo los daños y perjuicios que se irrogarían a terceros. No existe en nuestro sistema una acción popular para la impugnación de disposiciones de carácter general, salvo en los contados ámbitos en los que se encuentra reconocida [artículo 19.1.h) de la Ley 29/1998]; la legitimación en nuestro proceso contencioso-administrativo se sustenta en la titularidad de derechos e intereses legítimos (artículo 19.1), que son los que se han de ponderar en la pieza separada de medidas cautelares para decidir sobre su adopción».

Sentado lo anterior, hemos de partir de las disposiciones contenidas en los artículos 721 a 729 de la Ley de Enjuiciamiento Civil, a través de las cuales, y bajo la rúbrica «Disposiciones generales» se regulan aquellos aspectos relativos a la legitimación, competencia y características con las que debe conjugarse el establecimiento de una medida cautelar:

Legitimación para la solicitud de las medidas cautelares. Necesidad de instancia de parte

De conformidad con lo preceptuado en el artículo 721 de la LEC, **todo actor principal o reconvencional podrá solicitar del tribunal la adopción de las medidas cautelares que considere necesarias para asegurar la efectividad de la tutela judicial que pudiera otorgarse en la sentencia estimatoria que se dicte.** Asimismo, cabe advertir que, con carácter general, las medidas cautelares no podrán ser acordadas de oficio, sin perjuicio de lo dispuesto para los procesos especiales o para el caso de suspensión de un proceso en el que un consumidor ejercite acción individual instando la declaración de abusividad de una cláusula contractual. Tampoco se impondrán medidas más gravosas de las solicitadas por el actor.

> **A TENER EN CUENTA.** El RD-ley 6/2023, de 19 de diciembre, con entrada en vigor el 20/03/2024, ha modificado el art. 721 de la LEC.

> **CUESTIÓN**
>
> **¿Puede el demandado no reconviniente que solicita la desestimación de la demanda, interesar la adopción de medidas cautelares?**
>
> No, el demandado no reconviniente carece de legitimación para solicitar la adopción de medidas cautelares. Se encuentra excluido de la posibilidad de ejercitar el derecho de solicitud de medidas cautelares previsto en los artículos 721 y siguientes de la LEC, todo aquel que no formule una pretensión declarativa, constitutiva o de condena en los términos previstos en el artículo 5 de la LEC, pues la preten-

sión desestimatoria ejercida por el demandado en la contestación a la demanda, no precisa, por su propia naturaleza, medidas que tiendan a hacer posible su efectividad. (Auto Audiencia Provincial de Madrid n.º 268/2010, de 3 de noviembre, ECLI:ES:APM:2010:17096A)

Encontrándonos en un procedimiento arbitral o ante un litigio extranjero podrán solicitarse medidas cautelares si:

– Quién las solicita acredita ser parte de un convenio arbitral con anterioridad a las actuaciones arbitrales.

– Se acredita ser parte de convenio arbitral pendiente en España, o, en su caso, se acredite haber pedido la formalización judicial a que se refiere el **artículo 15 de la Ley 60/2003, de 23 de diciembre, de Arbitraje**; o en el supuesto de un arbitraje institucional, haber presentado la debida solicitud o encargo a la institución correspondiente según su Reglamento.

– Se acredite ser parte de un proceso jurisdiccional o arbitral seguido en el extranjero, si se dan los presupuestos legalmente previstos.

|| Competencia para el conocimiento de su solicitud

La competencia objetiva y territorial para la adopción de las medidas cautelares se encuentra regulada en los artículos 723 y 724 de la LEC. De acuerdo con estos artículos, nos encontramos que:

a) Será competente para conocer de las solicitudes de medidas, **el órgano que esté conociendo del asunto en primera instancia** o, si el proceso no se hubiese iniciado, **el que sea competente para conocer de la demanda principal.**

b) Para conocer de las solicitudes relativas a medidas cautelares que se formulen durante la sustanciación de la segunda instancia o de un recurso de casación, **será competente el tribunal que conozca de la segunda instancia o de dicho recurso.**

c) Cuando las medidas cautelares se soliciten estando pendiente un proceso arbitral o la formalización judicial del arbitraje, será tribunal competente **el del lugar en que el laudo deba ser ejecutado** y, en su defecto, **el del lugar donde las medidas deban producir su eficacia.** Lo mismo se observará cuando el proceso se siga ante un tribunal extranjero, salvo lo que prevean los tratados.

CUESTIÓN

¿Es posible solicitar medidas cautelares a la sala que conoce las impugnaciones de los laudos arbitrales?

No. La competencia para adoptar medidas cautelares en este caso corresponde al juzgado de primera instancia en el que el laudo deba ser ejecutado o, subsidiariamente, al Juzgado de Primera Instancia de la demarcación territorial donde las medidas cautelares objeto de solicitud deban producir su eficacia.

Por otro lado debemos tener en consideración que no se admitirá declinatoria fundada en la falta de competencia territorial cuando las medidas cautelares se soliciten con anterioridad a la demanda, pero el tribunal, de conformidad con lo previsto en el artículo 725 de la LEC, **debe examinar de oficio su competencia** absteniéndose de conocer y dictar auto, remitiendo a las partes a que insten dicha solicitud ante quien corresponda, excepto en aquellos supuestos en los que las circunstancias del caso lo aconsejaren, en los que el tribunal, aun considerándose territorialmente incompetente, puede ordenar aquellas medidas que, con carácter preventivo, considere más urgente, remitiendo posteriormente los autos al tribunal que sí ostente la competencia.

|| Características que ha de reunir toda medida cautelar

Solo podrán acordarse medidas cautelares, si quien las solicita justifica que, en el caso de que se trate, podrían producirse durante la pendencia del proceso, de no adoptarse las medidas solicitadas, situaciones que impidieren o dificultaren la efectividad de la tutela que pudiere otorgarse en una eventual sentencia estimatoria. Es en el artículo 726 de la LEC donde nuestro ordenamiento jurídico posibilita que el tribunal acuerde como medida cautelar, respecto de los bienes y derechos del demandado, cualquier actuación, directa o indirecta, que reúna las siguientes características:

«1.ª Ser **exclusivamente conducente a hacer posible la efectividad de la tutela judicial que pudiere otorgarse en una eventual sentencia estimatoria**, de modo que no pueda verse impedida o dificultada por situaciones producidas durante la pendencia del proceso correspondiente.

2.ª **No ser susceptible de sustitución por otra medida igualmente eficaz**, a los efectos del apartado precedente, pero menos gravosa o perjudicial para el demandado».

En este sentido se pronuncia la **Audiencia Provincial de Valencia en su auto n.º 423/2016, de 7 de noviembre, ECLI:ES:APV:2016:978A**, que reza:

«Las medidas cautelares, reguladas en los arts. 721 a 747 LEC, son un proceso dirigido a enervar los obstáculos que puedan oponerse a la eficacia de un proceso principal. El proceso cautelar garantiza la eficacia del resultado de otro proceso. Esta función instrumental o accesoria **implica que en la medida cautelar ha de concurrir el elemento de la idoneidad. Solo procede otorgar la tutela cautelar si la petición obedece de forma exclusiva a la finalidad de garantizar la efectividad de una eventual sentencia estimatoria de la demanda** (ATS de 26 de junio de 2009, rec. 1128/2008)».

Asimismo, tal y como se prevé en el apartado segundo del citado precepto legal, dicha medida ha de **atender al carácter temporal, provisional y susceptible de modificación y alzamiento previsto en la ley para las medidas cautelares**. Estableciendo, en este sentido, que el tribunal pueda acordar como medidas cautelares las que consistan en órdenes y prohibiciones de contenido similar a lo que se pretenda en el proceso, sin prejuzgar la sentencia que en definitiva se dicte.

Así pues, en toda medida cautelar establecida debe concurrir su carácter instrumental, su adecuación al caso como solución menos gravosa y la razonabilidad de esta. En este sentido, se pronunciaba la Sala de la **Audiencia Provincial de Madrid, que a través de su auto n.º 107/2004, de 21 de abril, ECLI:ES:APM:2004:3198A**, manifiesta que:

> «Con elemental precaución el art. 726, apartado 1.2.ª a impide acordar una medida cautelar que sea «susceptible de sustitución por otra medida igualmente eficaz pero menos gravosa o perjudicial para el demandado". Ante una solicitud de cualquier medida, el Juez ha de comprobar y decidir, de oficio y fundadamente, **si para posibilitar o asegurar la ejecución es únicamente eficaz la actuación concretamente pedida o si, por el contrario, esta finalidad puede lograrse satisfactoriamente sin infligir al sujeto pasivo el detrimento –o los inconvenientes– que le deparará la medida solicitada**. El art. 726, apartado 2 permite acordar **actuaciones "de contenido similar a lo que se pretenda en el proceso"**. Es muy probable que el término "similar" encierre un cierto giro eufemístico, al que acaso se recurre para rehuir la más acre, abrupta e irritante –pero más conforme con lo que en realidad se quiere expresar– locución de "lo mismo" o "por completo idéntico"».

En relación con los **tipos de tutela a los que puede extenderse la medida cautelar**, la expresión «sentencia estimatoria», recogida a lo largo de la regulación que de las medidas cautelares lleva a cabo nuestro legislador (artículos 721.1, 726.1, 728.1, 746.1), parece abonar la interpretación de que no son únicamente cautelables las sentencias en litigios que versen sobre acciones de condena, sino también respecto de acciones mero-declarativas o constitutivas, a propósito de las cuales sólo impropiamente cabe hablar de «ejecución» por lo que, podemos establecer que, la situación jurídica cautelable, se proyecta sobre el tipo de pretensión que se ejercita en el proceso principal, pudiendo extenderse a los **tres tipos de tutela, la mera declarativa, la constitutiva y la condena**. (AAP de Madrid n.º 49/2006, de 20 de enero, ECLI:ES:APM:2006:1309A).

2.
MEDIDAS CAUTELARES ESPECÍFICAS

El **artículo 727 de la Ley 1/2000, de 7 de enero, de Enjuiciamiento Civil**, recoge un listado en el que se contemplan medidas cautelares específicas. Dichas medidas, se encuentran condicionadas por la pretensión ejercida en el proceso principal y por la sentencia estimatoria que se dicte, por la ausencia de existencia de otra medida igualmente eficaz y por el carácter temporal, provisional, condicionado y susceptible de modificación y alzamiento previsto en la LEC para las medidas cautelares.

CUESTIÓN

¿A tenor de la lista prevista por el legislador en el art. 727 de la LEC, podemos entender que esto supone que nos encontramos ante un número limitado de medidas cautelares que son posibles de establecer?

No. En el art. 727 no hay numerus clausus, sino que podemos determinar de forma clara y expresa que **existe un régimen abierto en relación a las medidas cautelares**. Este régimen abierto se establece en diferentes artículos de la LEC. De hecho, el propio apartado 11 del artículo 727 establece dentro del listado de medidas cautelares específicas «aquellas otras medidas que, para la protección de ciertos derechos, prevean expresamente las leyes, o que **se estimen necesarias para asegurar la efectividad de la tutela judicial** que pudiere otorgarse en la sentencia estimatoria que recayere en el juicio». Este carácter abierto también se desprende del contenido del art. 726 de la LEC, mediante el que se faculta que los tribunales adopten como medida cautelar «cualquier actuación, directa o indirecta» que cumpla con la naturaleza jurídica y notas características que de las medidas cautelares establece el legislador a lo largo del articulado de nuestra LEC.

Sentado lo anterior, pasamos a hacer mención explícita de aquellas medidas que, de conformidad con lo estipulado en el artículo 727, **constituyen, entre otras, medidas cautelares susceptibles de adopción en un proceso civil:**

- Embargo preventivo de bienes para asegurar la ejecución de sentencias de condena a la entrega de cantidades de dinero o de frutos, rentas y cosas fungibles computables a metálico por aplicación de precios ciertos.

  Fuera de los casos de párrafo anterior, también será procedente el embargo preventivo si resulta medida idónea y no sustituible por otra de igual o superior eficacia o menor onerosidad para el demandado.

- Intervención o administración judiciales de bienes productivos, cuando se pretenda sentencia de condena a entregarlos a título de dueño, usufructuario o cualquier otro que comporte interés legítimo en mantener o mejorar la productividad o cuando la garantía de ésta sea de primordial interés para la efectividad de la condena que pudiese recaer.

- Depósito de cosa mueble, cuando la demanda pretenda la condena a entregarla y se encuentre en posesión del demandado.

- Formación de inventarios de bienes en las condiciones que disponga el tribunal.

- Anotación preventiva de demanda cuando ésta se refiera a bienes o derechos susceptibles de inscripción en registros públicos.

- Otras negociaciones registrales en casos en que la publicidad registral sea útil para el buen fin de la ejecución.

- Orden judicial de cesar provisionalmente en una actividad, la de abstenerse temporalmente de llevar a cabo una conducta, o la prohibición temporal de interrumpir o cesar en la realización de una prestación que viniera llevándose a cabo.

- Intervención o depósito de ingresos obtenidos mediante una actividad que se considere ilícita y cuya prohibición o cesación se pretenda en la demanda, así como la consignación o depósito de las cantidades que se reclamen en concepto de remuneración de la propiedad intelectual.

- Depósito temporal de ejemplares de las otras u objetos que se reputen producidos con infracción de las normas sobre propiedad intelectual e industrial, así como el depósito del material empleado para su producción.

- Suspensión de acuerdos sociales impugnados, cuando el demandante o demandantes representen, al menos, el 1 % o el 5 % del capital social, según que la sociedad demandada hubiese emitido o no valores que, en el momento de la impugnación, estuviesen admitidos a negociación en mercado secundario oficial.

- Aquellas otras medidas que, para la protección de ciertos derechos, prevean expresamente las leyes, o que se estimen necesarias para asegurar la efectividad de la tutela judicial que pudiese otorgarse en la sentencia estimatoria que recayese en el juicio.

Medidas cautelares específicas del artículo 727 de la Ley de Enjuiciamiento Civil

Previamente a analizar pormenorizadamente cada una de las medidas cautelares específicas previstas en el artículo 727 de la LEC, las mismas se sintetizan en el siguiente cuadro:

MEDIDAS CAUTELARES ESPECÍFICAS	
Artículo 727 de la Ley de Enjuiciamiento Civil	
Embargo preventivo de bienes	Intervención y administración judicial
Depósito de cosa mueble	Formación de inventarios de bienes
Anotación preventiva de la demanda	Otras anotaciones registrales
Orden judicial de cesar provisionalmente una actividad	Intervención y depósito de ingresos obtenidos mediante una actividad que se considere ilícita
Depósito temporal de ejemplares de las obras u objetos	Suspensión de acuerdos sociales
Otras medidas cautelares previstas legalmente	

‖ Embargo preventivo de bienes

El apartado primero del artículo 727 de la LEC contempla los presupuestos que han de regir en la medida cautelar de aseguramiento por excelencia, **el embargo preventivo**, en el que la **situación jurídica cautelable atiende a pretensiones de condena que consistan en la entrega de cantidades de dinero o de frutos, rentas y cosas fungibles computables en metálico** por aplicación de precios ciertos. Con esta medida se pretende evitar encontrarnos con que el demandado esté en situación de insolvencia una vez resuelto el procedimiento principal.

Así pues, el embargo preventivo tiene por **objeto garantizar la efectividad de las sentencias con contenido económico que pueden recaer en un futuro**. Ahora bien, tal y como se señala por parte de la **Audiencia Provincial de Madrid** en su auto n.º 182/2010, de 16 de julio, ECLI:ES:APM:2010:12391A, con el embargo preventivo lo que se pretende es **privar al deudor**, propietario de los bienes objeto de embargo, **de la facultad de disponer libremente de ellos**, estando esta medida subordinada a un proceso principal, **no siendo la finalidad de los bienes embargados pagar al acreedor**, sino solo la afección de los mismos al proceso, a los efectos de asegurar la ejecución de la sentencia.

RESOLUCIÓN RELEVANTE

Auto de la Audiencia Provincial de Madrid n.º 46/2021, de 22 de febrero, ECLI:ES:APM:2021:1083A

«De conformidad a este precepto, en principio, el embargo preventivo, no sería medida idónea en los supuestos de que lo solicitado en la demanda fueran peticiones

meramente declarativas, máxime si tenemos en cuenta que, de conformidad al artículo 521 LEC, respecto de las mismas no procedería despachar ejecución.

Sin embargo, hemos de recordar, en línea con abundante doctrina jurisprudencial, que no cabe identificar la ejecución de la sentencia con la efectividad de la tutela judicial, pues éste es un concepto más amplio, de hecho la normativa referida a las medidas cautelares en la LEC no se refiere a asegurar la ejecución de la sentencia, sino a asegurar la efectividad de la tutela judicial que pudiera otorgase en la sentencia estimatoria (art. 721.1 LEC), así, al regular sus características, ni siquiera distingue expresamente entre acción de petición de condena, acciones declarativas ni acciones constitutivas, como se desprende por ejemplo del art. 726.1º LEC en el que se establece como principal finalidad de una medida cautelar el asegurar la efectividad de la tutela judicial que pudiere otorgarse en una eventual sentencia estimatoria, sin concretar la clase o tipo de sentencia en cuanto a la acción ejercitada y petitum contenido en la demanda. Tampoco se hace distinción alguna ni referencia a un tratamiento dispar, cuando en el art. 728 LEC se concretan los requisitos necesarios para la adopción de las medidas cautelares. Es más, conectando tales disposiciones con la concreta medida cautelar solicitada, el artículo 727.1º LEC que hemos trascrito, al regular el embargo preventivo de bienes, resulta que el mismo tiene como finalidad asegurar la ejecución de sentencias de condena a la entrega de cantidades de dinero o de frutos, rentas y cosas fungibles computables a metálico por aplicación de precios ciertos, disponiendo, asimismo, que también puede decretarse el embargo preventivo si resulta medida idónea y no sustituible por otra de igual o superior eficacia y menor onerosidad para el demandado (artículo 727.1º, párrafo 2º LEC). En consecuencia, el embargo preventivo, que es la medida cautelar por excelencia, no sólo es adecuado para asegurar la ejecución de sentencias que condenen a prestaciones pecuniarias, sino también de sentencías que condenen a prestaciones distintas, de hacer, no hacer o dar cosa específica, cuando se prevea que la tardanza del pleito puede obligar a la conversión de esas prestaciones en prestaciones dinerarias».

Por otra parte, en aquellos supuestos en los que la situación jurídica cautelable atienda a una pretensión distinta de la antedicha, esto es, casos en los que no nos encontremos ante la pretensión de aseguramiento de la posible ejecución de sentencias de condena computables a metálico, esta medida cautelar también **será procedente si resultare idónea y no sustituible por otra de igual o superior eficacia y menor onerosidad para el demandado**.

CUESTIÓN

¿Qué medida resultaría la apropiada para garantizar el cobro de las cantidades que se fijen en el expediente de jura de cuentas?

La medida apropiada para garantizar el cobro de las cantidades que se fijen en el expediente de jura de cuentas es el embargo preventivo de bienes, toda vez que, dicha medida sirve para asegurar la ejecución de sentencias de condena a la entrega de determinadas cantidades de dinero. (Auto de la Audiencia Provincial de Murcia n.º 26/2006, de 7 de marzo, ECLI:ES:APMU:2006:59A).

Cabe advertir que la medida cautelar relativa al embargo preventivo de bienes **ha de ponerse en relación con lo estipulado en la LEC para las tercerías de dominio** (posibilidad de que **un tercero afirme ser dueño del bien objeto de embargo**), toda vez que los artículos 595.2 y 596.1 de la LEC prevén que, desde que haya sido dictado el embargo preventivo, pueda interponerse tercería de dominio para el alzamiento de este. Dicha circunstancia es también regulada de forma expresa en el artículo 729 de la LEC, al posibilitarse mediante este que, en el embargo preventivo, pueda interponerse tercería de dominio, advirtiendo, asimismo que no será admisible la tercería de mejor derecho salvo en aquellos supuestos en los que, quien interponga dicha tercería se encuentre en otro proceso judicial demandando al mismo deudor una cantidad de dinero.

|| Intervención y administración judicial

Este tipo de medida cautelar tendrá lugar, de conformidad con lo preceptuado por el apartado 2.º del artículo 727 de la LEC, cuando se pretenda la entrega de bienes cuyo valor principal resida en la productividad. Lo que se busca a través de esta medida es garantizar el mantenimiento de esa productividad, y para ello puede pedirse la intervención judicial o la administración judicial. Así pues, se disponen expresamente estas medidas sobre bienes productivos, **cuando se pretenda sentencia de condena a entregarlos a título de dueño, usufructuario o cualquier otro que comporte interés legítimo en:**

- Mantener o mejorar la productividad o,
- cuando la garantía de la productividad sea de primordial interés para la efectividad de la condena que pudiere recaer.

Con la administración judicial nos referimos, de ordinario, a los actos que pretenden la conservación y explotación de los bienes sobre los que recae la medida cautelar solicitada. Esta medida se contrapone a la facultad de disposición, en la medida en que la administración no debe comprometer gravemente el porvenir de los bienes. El nombramiento de administrador judicial conlleva, ordinariamente, la sustitución de quien hasta entonces ejercía estas facultades patrimoniales sobre los bienes y derechos afectados, en este caso de los administradores de la sociedad. Pero dentro de la discrecionalidad del juez para determinar el alcance de la medida, este también puede mantener a los anteriores administradores y nombrar un interventor judicial que fiscalice dicha administración. Optar por una fórmula u otra, una administración judicial o una intervención judicial, está en función de la necesidad de asegurar la efectividad de la sentencia, a la vista de los intereses en conflicto.

La **intervención judicial** responde al principio de injerencia mínima por lo que únicamente se **controlan los actos** de administración que realice el demandado, mientras que, por su parte en la **administración judicial**, se nombra un administrador que **sustituye al demandado** en las decisiones de administración del bien. Así pues, optar por una u otra forma de adopción de dicha medida cautelar, dependerá de la necesidad de asegurar la efectividad de la sentencia, a la vista de los intereses en conflicto. (**AAP de Barcelona, rec. 17/2006, de 26 de junio, ECLI:ES:APB:2006:6202A**).

Asimismo, cabe advertir que no basta con alegar una mejora en la productividad de los bienes en litigio para dar lugar al nombramiento de un administrador, sino que, tal y como se estipula (**AAP de Huesca n.º 27/2003, de 15 de mayo, ECLI:ES:APHU:2003:85A**): «la mejora de la productividad de la que habla el repetido artículo 727- 2.ª sólo puede **referirse a bienes productivos sustancialmente mejorables ante cierta inactividad o falta de atención** de la persona que los viniera explotando o a cualquier otra circunstancia similar con riesgo de lucro cesante o pérdida de ingresos para la persona que no los posee si llegara a vencer en el pleito; es decir, afecta a supuestos en que los resultados económicos del bien productivo no alcanzan unos rendimientos medios».

CUESTIÓN

La medida cautelar relativa a la imposición de una administración judicial, prevista en el apartado 2.º del art 727 de la LEC, ¿supone la privación de la gestión o administración del demandando?

No. Con la administración judicial de bienes productivos no se priva a los demandados la gestión o administración, lo que se hace con esta medida es designar un administrador, el cual debe **autorizar cualquier acto de gestión**. (Auto de la Audiencia Provincial de Badajoz n.º 12/2005, de 26 de enero, ECLI:ES:APBA:2005:18A).

‖ Depósito de cosa mueble

Esta medida será aquella a adoptar en los supuestos en los que lo que se pretenda sea la entrega de una cosa mueble, la cual se encuentra en posesión del demandado. Lo que se persigue evitar con la solicitud de esta medida cautelar, es que **la futura sentencia de condena a entregar la cosa devenga imposible, bien porque el demandado trasmite la cosa de modo irreivindicable, bien porque la haga desaparecer.**

La solicitud de la medida cautelar dispuesta en el apartado 3.º del artículo 727 de la LEC, habrá de ponerse en relación con lo dispuesto en el apartado 3.º del artículo 261 que se ocupa de **regular la negativa del demandando a atender al requerimiento para aquellos supuestos en los que se pretenda la exhibición de una cosa**. Así pues, si se conociese o presumiese el lugar en el que se encuentra, el tribunal podrá ordenar la entrada y registro de dicho lugar, presentándose la cosa al solicitante de la medida cautelar, que podrá pedir el depósito o medida de garantía más adecuada para la conservación de la cosa.

Asimismo, la solicitud de dicha medida habrá de ser puesta en relación con lo dispuesto en los **artículos 626, 627 y 628 de la LEC**, mediante los que se establecen las **consideraciones que habrán de tenerse en cuenta para el depósito de la cosa, las responsabilidades y los gastos de dicho depósito**, respectivamente.

‖ Formación de inventarios de bienes

El apartado 4.º del artículo 727 de la LEC, objeto de análisis, establece como medida cautelar: «La formación de inventarios de bienes, en las condiciones que el tribunal disponga». La generalidad de esta norma **deja a la apreciación judicial la determinación de la situación jurídica cautelable, aunque debe referirse a casos en los que el conocimiento de los bienes que integran un patrimonio sea determinante para la efectividad de la sentencia que llegue a dictarse.**

Esta medida, habrá de ser puesta en relación con lo dispuesto en los artículos 790 y siguientes de la LEC que se ocupan de regular la intervención del caudal hereditario.

|| Anotación preventiva de la demanda

El aparatado 5.º del artículo 727 de la LEC recoge la posibilidad de que, **como medida cautelar, se proceda a anotar preventivamente la demanda cuando esta se refiera a bienes o derechos susceptibles de inscripción de Registros públicos**, sin embargo, cabe advertir que, si bien es cierto que se exige que para su adopción recaiga sobre alguno de los supuestos de la antedicha ley (Ley Hipotecaria), su tramitación se realizará siempre de conformidad con los requisitos procesales establecidos en la LEC. Es decir, la anotación preventiva de la demanda no debe entenderse como una medida cautelar de eficacia registral, sino procesal, tratándose de una medida adoptada en el marco de un proceso con el único objetivo de garantizar la eventual ejecución de la resolución que en su día pudiere dictarse.

Esta medida se constituye como medida idónea cuando la demanda se refiere a bienes o derechos susceptibles de inscripción en registros públicos, toda vez que el **artículo 139 del Reglamento Hipotecario** dispone que: «El que propusiere demanda en los casos a que se refieren el artículo 38 y número primero del artículo 42 de la Ley podrá pedir al mismo tiempo, o después, su anotación preventiva, ofreciendo indemnizar los perjuicios que de ella puedan seguirse al demandado en caso de ser absuelto, a cuyo efecto el Juez podrá exigir la caución que estime adecuada. El Juez o Tribunal mandará hacer la anotación, si fuere procedente, al admitir la demanda, y si aquélla se pidiese después, en el término del tercer día».

La **sentencia dictada por el Tribunal Supremo n.º 828/2008, de 22 de septiembre, ECLI:ES:TS:2008:4775**, manifiesta a este respecto que:

> «La anotación preventiva de demanda (artículo 42.1º LH) tiene por objeto el dar a conocer, mediante la publicidad de que gozan los asientos registrales, la existencia de un proceso pendiente que pueda afectar a algún derecho real que con anterioridad haya accedido al Registro, todo ello con la finalidad de evitar que la realización de ulteriores actos o negocios sobre dicho derecho puedan desembocar en el traspaso de su titularidad a un tercero en quien concurran todas las exigencias de los principios de buena fe (art. 34 LH) y legitimación (art. 38 LH) registrales, con la consiguiente producción de los radicales efectos de irreivindicabilidad anudados a tal posición jurídica. De ahí que habrá de surtir sus efectos propios con independencia de la vigencia de una anotación anterior de embargo –como ocurrió en el caso– y buena prueba de ello es que se decretó la nulidad de la cancelación de dicha anotación preventiva de demanda llevada a cabo como consecuencia del resultado del proceso de ejecución a que tal embargo dio lugar, poniendo de manifiesto que el embargo y su anotación registral no generan preferencia alguna para el anotante frente al resultado de un proceso en que precisamente se discute sobre la propiedad del inmueble».

RESOLUCIÓN RELEVANTE

Auto de la Audiencia Provincial de A Coruña n.º 124/2022, de 20 de julio, ECLI:ES:APC:2022:326A

«En efecto, al margen de la prueba a practicar en el procedimiento declarativo, concurren todos los requisitos establecidos en el artículo 728 en orden a la adopción de la medida cautelar solicitada, conforme a reiterada jurisprudencia, por todos Auto de 17.6.2020, sección 3ª, Apelación 18/2020: " La anotación preventiva de la demanda .- La medida cautelar solicitada de anotación preventiva de la demanda, prevista en la relación enunciativa que contiene el artículo 727 de la Ley de Enjuiciamiento Civil, en su epígrafe 5ª, y que ya estaba regulada en el artículo 42.1 de la Ley Hipotecaria y 139 de su reglamento, como reiteradamente recuerda el Tribunal Supremo tiene por objeto vincular a los adquirentes de derechos inscritos con posterioridad a la fecha de la anotación, de manera que éstos quedarán afectados por el fallo firme eventualmente estimatorio que pudiera dar respuesta positiva a la pretensión del demandante. Efectos que derivan del principio de publicidad registral y que, en caso de enajenaciones posteriores, privan al adquirente de la condición de tercero «ex» artículo 34 de la Ley Hipotecaria [STS 18 de febrero de 1985 (RJ Aranzadi 559)]; y la sentencia que resuelva una demanda preventivamente anotada en el Registro de la Propiedad tendrá la misma eficacia que si se hubiera dictado el día en que se practicó la anotación con independencia de los avatares registrales sucedidos entre un hecho y otro [STS 18 de noviembre de 1993 (RJ Aranzadi 9149)]; efecto del asiento registral que es asimismo recordado por la Dirección General de los Registros y del Notariado en resoluciones de 24 octubre 1997 y 23 septiembre 1999 entre otras. Se configura así como una medida que, de ordinario, viene justificada a través de la presentación de una acción que tenga por objeto un bien inmueble o derecho real sobre el mismo inscrito en el Registro de la Propiedad, sin necesidad de que se evidencie un propósito elusivo o contrario a las expectativas de la litis por parte del demandado.

En primer lugar, la solicitud de la medida cautelar de anotación preventiva de la demanda en el Registro de la Propiedad, al amparo de lo establecido en el artículo 727.5ª de la Ley de Enjuiciamiento Civil, debe ponerse en relación con el artículo 42.1º de la Ley Hipotecaria . Esto genera que, cuando se ejercita una acción tendente a la constitución, declaración, modificación o extinción de un derecho real que afecte a un inmueble inscrito, debe hacerse una interpretación amplia y permisiva, con el fin de concordar el Registro con la realidad extrarregistral, de tal forma que la anotación sirva no sólo para garantizar el posible derecho futuro del demandante, sino también para advertir a terceros de la existencia del litigio, bien sean adquirentes de buena fe, embargantes o hipotecantes.

En segundo, el peligro de no poder ejecutarse en su día una sentencia que declarase la nulidad de las transmisiones de la propiedad no sólo deriva del hecho cierto de que podrían los demandados enajenarla durante la tramitación del litigio a terceros de buena fe, sino también de posibles embargos judiciales o administrativos. No siendo este el momento de exponer la protección otorgada por el artículo 34 de la Ley Hipotecaria .

Aplicando dicha doctrina jurisprudencial al presente caso, si bien es cierto que se trata de escrituras otorgadas en el año 2006, también lo es que se dice que se alcanza a conocer el contenido real de los negocios jurídicos en el año 2018. Y la anotación de la demanda, cuando se está cuestionando la titularidad dominical, no solo otorga una protección al anotante, sino también a terceros. Las dificultades que se exponen a la hora de la anotación registral, identificación de finca, etcétera, son cuestiones de calificación que no corresponde resolver al órgano judicial. Aunque deberá prestarse previamente una caución ajustada a la realidad social, que no puede ser la de una fianza de 50 euros como ofrece la parte promovente».

Cabe advertir que la demanda objeto de anotación preventiva, deberá tener —en caso de ser estimada—, alguna **repercusión de carácter registral**, bien se trate de acciones reales o personales, constitutivas o meramente declarativas, como serían, a título de ejemplo, la demanda de nulidad de un contrato de compraventa, acciones derivadas de una opción de compra, acción paulina, etc., pero no el mero ejercicio de una acción derivada de un derecho de crédito en reclamación de la cantidad que se dice adeudada. **(AAP de las Palmas de Gran Canaria N.º 84/2005, de 13 de abril, ECLI:ES:APGC:2005:531A).**

Sentado lo anterior, podemos establecer que, tal y como recoge el contenido del **auto de la Audiencia Provincial de Madrid n.º 2/2012, de 12 de enero, ECLI:ES:APM:2012:39A**, la medida cautelar relativa a la anotación preventiva de la demanda constituye, en definitiva:

> «(...) un asiento registral, de vigencia limitada temporalmente, que publica la pendencia de un proceso sobre una situación jurídica registrada o registrable, siendo el efecto fundamental de la misma la enervación de la fe pública registral de los terceros que adquieran tras la anotación, **anotación que**, como recogen las resoluciones de la Dirección General de Registros y del Notariado de 4 de julio de 1919 y 23 de julio de 1910, **permite el tráfico jurídico del objeto registrable afectado, sin perjuicio del derecho del anotante, siendo su efecto principal**, como ponen de manifiesto las SSTS de 22 de abril de 1952 y 20 de enero de 1976 **garantizar y asegurar la retroacción de los pronunciamientos de la sentencia dictada, sin impedir el tráfico de los bienes litigiosos afectados**».

CUESTIÓN

Una vez se ha comprobado el cumplimiento de los requisitos de que la medida cautelar solicitada, y relativa a la anotación preventiva de la demanda, resulta adecuada para la protección del derecho afirmado por el demandante peticionario de esta, ¿sería posible acordar anotaciones preventivas cautelares no previstas específicamente en norma alguna?

Sí. Al amparo de lo dispuesto en los artículos 726 y de las reglas 5.ª y 6.ª del artículo 727 de la LEC, sería posible acordar anotaciones preventivas cautelares no previstas específicamente en norma alguna, debiendo practicarse dichas anotaciones en el Registro al amparo de lo dispuesto en el artículo 42.1 de la Ley de Hipotecaria. (AAP de Madrid N.º 107/2004, de 21 de abril, ECLI:ES:APM:2004:3198A).

Por último, resulta de interés traer a colación las palabras que **respecto a los efectos de la anotación preventiva de la demanda** se recogen en el **auto dictado por la Audiencia Provincial de Madrid n.º 107/2004, de 21 de abril, ECLI:ES:APM:2004:3198A**, por las que se establece que:

> «(...) en cuanto al ámbito de dicha medida cautelar, la **STS de 18 de febrero de 1985** precisó que «Los efectos de las anotaciones preventivas de demanda, conforme al art. 42 de la LH, están acordados no solo en beneficio de los titulares de un derecho real, sino también de quienes lo sean de acciones personales con trascendencia real, siendo constante la interpretación doctrinal y la práctica de las anotaciones, en el sentido de que aun correspondiendo a acciones personales, no obstante amplían

su efectividad de suerte que siquiera no comporten las acciones de esta clase la inmediatividad con la cosa y antes bien signifiquen una relación mediata nada más entre el titular de la anotación por serlo del derecho personal anotado, y la cosa, más sin alcanzar a la cosa sitio a través de una prestación del obligado, con todo, **gozan de una efectividad erga omnes y haciendo imposibles cuantas enajenaciones otorgue, con posterioridad a su existencia, el deudor obligado por el derecho personal anotado, dejando sujetos a todos los adquirentes posteriores a su fecha, a la eventualidad de un fallo estimatorio de la pretensión protegida:** efectos propios ciertamente de la publicidad registral y de la consiguiente descalificación como terceros hipotecarios de quienes traigan causa del titular de la inscripción, advertidos de la existencia de la demanda por la anotación adosada a la inscripción a modo de limitación soporte de un rango preferente para el efecto real a que conduzca el derecho personal anotado, respecto a cuantos actos dispositivos daten de fecha posterior, cuyos asientos deberán ser cancelados, según así los previene el art. 198 del RH ». Y en el mismo sentido se manifiesta la D.G.R.N, ya desde la R. de 13 de febrero de 1929, al señalar que en el art. 42.1 de la LH se hallan comprendidas tanto las demandas fundadas sobre una acción real como las que se apoyan en un título que se refiera directamente a las fincas o derechos inscritos e implique una verdadera e inmediata vocación a los mismos; en la misma línea la de 9 de agosto de 1943, que determina que por una evolución de la tutela o protección otorgada por el art. 42.1 de la LH, no solamente se ha permitido la anotación de las acciones reales, sino que también se ha concedido la facultad de anotar a los que fundan sus reclamaciones en acciones personales con trascendencia en el Registro, e igualmente las de 9 de febrero de 1987 y 18 de mayo de 1987».

|| Otras anotaciones registrales

Con la previsión contenida en el apartado 6.º del artículo 727 de la LEC, el legislador da cabida a **situaciones jurídicas que carecen de derechos registrados o registrables, pero en los que la publicidad resulte útil para el buen fin de la ejecución**.

A TENER EN CUENTA. En aquellos supuestos en los que nos encontremos ante los procesos especiales relativos al derecho de familia, habrá de tenerse en cuenta lo dispuesto en el artículo 272 del Reglamento de la Ley del Registro Civil mediante el que se faculta que cualquiera de las partes pueda solicitar la anotación de la demanda de nulidad, separación o divorcio mediante la presentación del testimonio de su admisión. Así pues, y si bien es cierto que los artículos 102, 103 y 104 del Código Civil prevén medidas provisionales o cautelares en el marco de las demandas de separación, divorcio y nulidad, ello no impide que pueda acudirse al campo de las medidas cautelares reguladas de forma general en el artículo 721 y siguientes de la LEC, pues no existe precepto alguno que excluya su aplicación, máxime cuando con ellas se trata de hacer posible la efectividad de la tutela judicial. **(AAP de Zamora N.º 68/2002, de 12 de noviembre, ECLI:ES:APZA:2002:234A).**

CUESTIÓN

A pesar de que el artículo 727 de la LEC no lo prevé expresamente ¿cabría solicitar como medida cautelar la anotación preventiva de la demanda de impugnación de acuerdos sociales?

Sí, aunque la anotación preventiva de la demanda de impugnación no se prevé expresamente, a la vista del artículo 155 del RRM, cabría incluir dicha solicitud dentro de la medida prevista en el apartado 6.º del artículo 727 de la LEC. El depósito registral de las cuentas aprobadas al término del ejercicio económico de la sociedad tiene una finalidad publicitaria, para dar a conocer a los terceros la situación económico patrimonial de la entidad y con ello su solvencia. Este mismo interés es el que puede justificar el conocimiento general de la impugnación del acuerdo social de aprobación de las cuentas anuales, a través de la anotación registral de la demanda. Por este motivo la anotación preventiva de la demanda de impugnación de acuerdos sociales sirve para destruir la buena fe de terceros, impidiendo que se pudieran acoger a la protección de confianza en la apariencia. Atendiendo a lo anterior, el peligro por la mora procesal es consustancial a la dilación propia del juicio ordinario, que puede dar lugar a que, si no se adopta la medida solicitada informando a terceros de la pendencia de la impugnación de los acuerdos sociales mencionados, se origine una situación que reste eficacia a una hipotética sentencia estimatoria de la demanda. (AAP de Barcelona n.º 71/2005, de 16 de marzo, ECLI:ES:APB:2005:1331A).

RESOLUCIÓN RELEVANTE

Auto de los Juzgados de lo Mercantil de Madrid, rec. 365/2011, de 20 de julio, ECLI:ES:JMM:2011:103A

«El art. 727.6 LEC permite más concretamente la práctica de anotaciones registrales en los casos en que la publicidad registral sea útil para el buen fin de la ejecución. No es preciso por tanto subrayar que la anotación preventiva de demanda de impugnación de acuerdos adoptados por el órgano de administración de las sociedades mercantiles, al igual que cualquier otra medida cautelar, debe tener siempre carácter instrumental a la tutela jurídica de fondo que se impetra y concederse únicamente en aquellos casos en que no pueda ser sustituida por otra medida menos gravosa».

‖ Orden judicial de cesar provisionalmente una actividad

Recoge como medida cautelar el apartado 7.º del art. 727 de la LEC: «La orden judicial de **cesar provisionalmente en una actividad**; la de **abstenerse temporalmente de llevar a cabo una conducta**; o la **prohibición temporal de interrumpir o de cesar en la realización de una prestación** que viniera llevándose a cabo».

Es decir, a través de estas medidas provisionales pretende el legislador asegurar la **tutela de condena a obligaciones de hacer y de no hacer**.

RESOLUCIÓN RELEVANTE

Auto de la Audiencia Provincial de Alicante n.º 93/2017, de 18 de julio, ECLI:ES:APA:2017:341A

«Este Tribunal viene reiterando, con relación al peligro por la mora procesal, que, en supuestos análogos al que nos encontramos, la finalidad de la tutela cautelar no es estrictamente aseguradora de la ejecución de la sentencia, sino que tiene por objeto cumplir una función anticipadora de la efectividad de la tutela judicial que pudiere

otorgarse en aquélla. De ahí que el art. 727.7 LEC prevea como medida adoptable la orden judicial de cesar provisionalmente en una actividad o la de abstenerse temporalmente de llevar a cabo una conducta.

Desde esa perspectiva, no ha de existir problema alguno en afirmar que las medidas que se puedan adoptar tendrán como finalidad la de impedir la persistencia de la actividad aparentemente ilícita, haciendo así posible, en la dicción literal, '...la efectividad de la tutela judicial que pudiere otorgarse en una eventual sentencia estimatoria' (art. 726.1.1°).

Este Tribunal también ha afirmado que el periculum in mora está fundado en el riesgo de daño que recae sobre el actor por la dilación temporal que el desarrollo de un proceso contradictorio con todas las garantías conlleva, habiéndose señalado entre los diversos tipos de riesgos, la continuidad activa del daño durante el proceso por razón del efecto mismo de aquellos cuya paralización -cesación- constituye el objeto principal del proceso declarativo».

CUESTIÓN

¿Dentro de las medidas cautelares que contempla el art. 727.7.ª, ¿podríamos entender que encontramos base jurídica para solicitar la destrucción de determinada documentación?

Contemplamos la resolución a esta cuestión en el contenido del **auto** dictado por la Audiencia Provincial de Madrid n.º 128/2011 de 23 de septiembre, ECLI:ES:APM:2011:14512A.

Si bien es cierto que, mediante dicha resolución se reconoce adecuado imponer, al amparo de lo previsto en el artículo 727.7.ª de la LEC, que se cese, con carácter provisional, la actividad de enviar cartas a clientes del demandado en la que este haga referencia a la demandante y a los servicios que ésta presta. Establece la sala la imposibilidad de establecer su destrucción como medida cautelar pues, tal y como reza el auto, «será el resultado final del juicio el que deba decidir respecto de ese efecto más gravoso, el cual no es preciso para garantizar la eficacia de la medida». Excediéndose en consecuencia, dicha medida, del carácter preventivo que impregna a la institución de la medida cautelar.

> **A TENER EN CUENTA.** En materia de acciones de propiedad industrial o competencia desleal, lo dispuesto en este artículo, habrá de ponerse en relación con lo dispuesto en el artículo 136 de la LPI y ello, a la vista de la relevancia que han adquirido las medidas cautelares en los litigios sobre propiedad industrial o competencia desleal, cuando se ejercitan acciones de cesación o prohibición de determinadas conductas.

Intervención y depósito de ingresos obtenidos mediante una actividad que se considere ilícita

El apartado 8.º del artículo 727 de la LEC, prevé como medida cautelar la intervención y depósito de ingresos obtenidos por el demandado a través de una actividad que el solicitante de la medida considera ilícita.

La intervención cautelar de los ingresos constituye una medida cautelar eficaz para determinar **el lucro que ha obtenido y que obtiene quien realiza una actividad ilícita** de propiedad intelectual, complemento de la cual es el depósito de ellos, garantizando un menor riesgo de incumplimiento económico por insolvencia. En la consignación o depósito de las cantidades reclamadas en concepto de remuneración de propiedad intelectual, se pretende garantizar la efectividad y ejecución de una eventual sentencia estimatoria de una pretensión económica.

|| Depósito temporal de ejemplares de las obras u objetos

Con esta medida cautelar, recogida en el apartado 9.º del artículo 727 de la LEC, pretende el legislador garantizar la tutela judicial que pueda otorgar una **sentencia estimatoria por infracción de las normas sobre propiedad intelectual e industrial**. Dicha medida podrá acordar el depósito temporal tanto de las obras u objetos como del material empleado para su producción.

|| Suspensión de acuerdos sociales

Si la pretensión ejercitada en el proceso principal es la **impugnación de un acuerdo societario**, la medida cautelar más efectiva es la de suspender su ejecución durante la pendencia del proceso. Sin embargo, no toda pretensión de nulidad en el proceso principal podrá presuponer la suspensión. El legislador ha fijado, para evitar abusos que podrían repercutir en el orden societario, un **supuesto de legitimación cualificada, exigiéndose que el demandante o demandantes representen al menos el 1 % o el 5 %**, según si la sociedad demanda hubiere o no emitido valores que, en el momento de la impugnación, estuvieren admitidos a negociación en el mercado secundario oficial.

> **A TENER EN CUENTA.** La medida cautelar prevista en el artículo 7.2 de la LPH, es absolutamente compatible con el tenor del artículo 727 de la LEC, y se incardina más en este tipo de medida relativa a la suspensión de acuerdos sociales, que en la medida cautelar establecida en el apartado 7.º toda vez que, este último ostenta un carácter más genérico al referirse, junto a otras medidas, a la orden judicial de cesar provisionalmente en una actividad. Consiguientemente, la medida cautelar prevista en el apartado 2 del art. 7 de la LPH requiere para su adopción la concurrencia de los requisitos que el indicado precepto establece, **no siendo por tanto de aplicación el art. 728 de la LEC, lo que no significa, sin embargo, que no deban observarse los trámites procedimentales que, para resolver sobre su adopción o rechazo, prevén los arts. 733 a 736 de la LEC, si bien, acomodando este procedimiento a la específica naturaleza de la expresa medida cautelar. (AAP de Cáceres n.º 71/2005, de 18 de julio, ECLI:ES:APCC:2005:204A).

|| Otras medidas cautelares previstas legalmente

No se cierra la posibilidad de incluir necesidades nuevas que necesiten de diferente cobertura cautelar para la protección de ciertos derechos. Por este motivo, el legislador contempla en el apartado onceavo del artículo 727 de la LEC, la posibilidad de llevar a cabo aquellas **medidas que prevean expresamente las leyes, o que se estimen necesarias para asegurar la efectividad de la tutela judicial efectiva.**

CUESTIÓN

¿A tenor de lo preceptuado en el apartado 11.º del artículo 727 de la LEC, ¿podríamos solicitar como medida la enervación del desahucio?

De acuerdo con el criterio mantenido por la Sala de la Audiencia Provincial de Madrid, no existe opción legal alguna para interesar la enervación como medida cautelar, al no estar prevista en dicho artículo (**AAP de Madrid N.º 4/2005, de 14 de enero, ECLI:ES:APM:2005:206A**).

RESOLUCIÓN RELEVANTE

Auto de la Audiencia Nacional n.º 357/2022, de 10 de junio, ECLI:ES:AN:2022:4736A

«(...) el órgano judicial que acuerde la medida provisional goza de una amplia libertad para determinar su alcance y contenido, tal y como autorizan los artículos 726.3, 727.6.ª y 727.11.ª LEC, lo que constituye una aplicación específica de la potestad constitucionalmente reconocida para juzgar y hacer cumplir lo juzgado. El órgano judicial puede calibrar la intensidad de la medida adoptada en la forma que considere mejor ajustada a Derecho y a las necesidades del proceso, y dicha diversidad debe reflejarse en el contenido del Registro en el asiento respectivo. De aquí que, aun cuando las normas hipotecarias no reflejen esta posibilidad de forma clara y determinante, es evidente que la eficacia del asiento practicado dependerá del concreto contenido de la prohibición acordada en sede judicial. La anotación de prohibición de disponer, asimismo, se caracteriza por ser un asiento temporalmente limitado que constituye una carga real inmobiliaria sobre un derecho previamente inscrito a nombre del investigado, en virtud de la cual son nulos y no inscribibles hasta su cancelación los actos dispositivos contrarios posteriores a ella».

3.
PELIGRO POR LA MORA PROCESAL, APARIENCIA DE BUEN DERECHO Y CAUCIÓN

Además de los presupuestos establecidos en el **artículo 721 de la LEC**, relativos a la necesidad de que la medida cautelar sea solicitada a instancia de parte, bajo su responsabilidad y con única finalidad de que estas sean adoptadas para asegurar la efectividad de la tutela judicial que pudiera otorgarse en la sentencia estimatoria que se dictare, sin que, en ningún caso, estas puedan ser adoptadas de oficio por el Tribunal ni ser más gravosas que las solicitadas, **es necesario, que para su adopción, concurran los presupuestos establecidos en el artículo 728 de la LEC**:

a) Peligro por la mora procesal.

b) *Fumus boni iuris* o apariencia jurídica de buen derecho.

c) Prestación de fianza por el solicitante de las medidas cautelares.

> **RESOLUCIÓN RELEVANTE**
>
> **Auto de la Audiencia Provincial de Málaga n.º 20/2022, de 19 de enero, ECLI:ES:APMA:2022:185A**
>
> *«La magistrada de instancia, en el auto objeto de recurso, tras analizar los requisitos que el art. 728LEC exige para la adopción de toda medida cautelar (fundamento de derecho primero o), concluye, en el fundamento de derecho tercero, que concurren los relativos a la apariencia de buen derecho y al peligro de la demora en la tramitación del procedimiento, así como la inadecuación de la caución fijada razonando que 'En primer lugar, el auto frente al que se formuló oposición establecía que la parte solicitante acreditaba el 'fumus boni iuris' o apariencia de buen derecho, ya que consta en autos que documentación acreditativa de que las partes suscribieron un contrato de préstamo hipotecario con movilización de capital, operación que podría ser según la actora nula por la existencia de vicio del consentimiento. Se trataría de una operación que se ha llevado a cabo mediante un entramado complejo, utilizando diferentes negocios jurídicos que son ofrecidos a los clientes como una unidad económica por la entidad de crédito bajo una apariencia tan ventajosa como irreal. La actora presenta como documental acreditativa de tales extremos los documentos 2 a 6 de su escrito de demanda.*
>
> *(...)*

> *Con la exigencia contenida en el nº 1 del art. 728LEC se plasma uno de los principios fundamentales que inspiran la justicia cautelar, cual la necesidad de eliminar el 'periculum in mora', consistente en el temor racional y fundado de que durante el desarrollo del proceso se pueda alterar la situación controvertida por el deudor, causándose un daño jurídico; se trata, pues, de evitar que como consecuencia de la duración del proceso se frustre la efectividad de la resolución definitiva que ponga fin al mismo', añadiendo que 'Por lo que respecta a las medidas cautelares dirigidas a garantizar la efectividad de sentencias con trascendencia real inmobiliaria, se trata de preservar el derecho del actor frente a la posible transmisión de la finca sobrevenida en el curso del proceso, a favor de terceros de buena fe frente al que sería inoponible la modificación operada por la resolución judicial, asegurando el mantenimiento de un determinado estado de hecho o de derecho durante el mismo, previniendo las repercusiones perjudiciales que el tiempo que dure la tramitación del juicio pueda provocar en el derecho mismo. La finalidad de la anotación preventiva de demanda es evitar que, mientras se sustancia el proceso, se causen en el propio Registro inscripción o inscripciones contrarias o irreversibles que dificulten la ejecución de la sentencia alertando a terceros que pudieran verse afectados por su contenido. Sus efectos son de mero aseguramiento, con respeto al principio de la mínima injerencia en el patrimonio del demandado. En este sentido, para que la demanda pueda tener acceso al registro es preciso que la acción ejercitada en la demanda sea de naturaleza real, o, en otro caso, que tenga una trascendencia registral. El ámbito de la anotación preventiva de demanda ha sido establecido, legal y jurisprudencialmente, en referencia a toda demanda que se interponga en ejercicio de una acción o pretensión real o personal, que pueda conducir a un acto registrable respecto de fincas inmatriculadas. Así, las demandas judiciales en que se ejercite una acción puramente personal o creditual, que no pueda acarrear, por virtud de su desenvolvimiento específico, una modificación jurídica real inmobiliaria a favor del demandante, no son susceptibles de la anotación preventiva que se contempla en el art. 42.1º LH».*

Peligro por la mora procesal

Establece el apartado 1.º del artículo 728 que «**sólo podrán acordarse medidas cautelares si quien las solicita justifica, que, en el caso de que se trate, podrían producirse durante la pendencia del proceso, de no adoptarse las medidas solicitadas, situaciones que impidieren o dificultaren la efectividad de la tutela que pudiere otorgarse en una eventual sentencia estimatoria**». Es decir, ha de cumplirse el requisito tradicionalmente exigido de **peligro por la tardanza procesal** o *periculum in mora* mediante el que se exige que exista un riesgo real de que la parte demandada pudiera aprovecharse de la duración del proceso para hacer inefectiva la tutela judicial que podría otorgarle la sentencia resolutoria (AAP de Madrid n.º 74/2009, de 24 de abril, ECLI:ES:APM:2009:5259A).

La existencia del peligro de mora se configura con un **carácter objetivo**, esto es, como una **probabilidad concreta de peligro para la efectividad de la resolución que se dicte**. En este sentido, resulta de interés traer a colación los **tipos de riesgos que han sido señalados doctrinalmente** y a los que se viene haciendo referencia por las distintas Audiencias Provinciales de nuestro país (entre otros, **AAP de Toledo n.º 19/2005, de 15 de marzo, ECLI:ES:APTO:2005:81A, AAP de Lleida n.º 28/2014, de 13 de febrero, ECLI:ES:APL:2014:14A y, n.º 1/2017, de 2 de enero, ECLI:ES:APL:2017:19A**) concretándose los siguientes:

«a) Riesgos que **amenazarían la posibilidad práctica de la efectividad de una sentencia en sentido genérico**, es decir, por colocarse el demandado en situación de no poder cumplirla. Por ejemplo, el riesgo de insolvencia si se ha interpuesto una pretensión pecuniaria.

b) Riesgos que **amenazarían la efectividad de la sentencia en el supuesto de una ejecución específica**. En el caso de entrega de una cosa determinada mueble, si no se hallare dicha cosa mueble por no haber adoptado la correspondiente cautela a lo largo del proceso principal, se tendrá que convertir la ejecución específica en una ejecución dineraria.

c) Riesgos que **amenazarían la inefectividad de la ejecución** en cuanto de no adoptarse las medidas cautelares correspondientes, transcurriría el tiempo y llegado el momento de la ejecución de la sentencia que ha acogido la pretensión del actor, éste podrá encontrarse con una situación irreversible;

d) Riesgos que **amenazan la utilidad práctica de los efectos no ejecutivos de la sentencia**. Por ejemplo, la estimación de una pretensión declarativa de dominio devendrá inútil, si en el desarrollo del proceso, el titular registral ha vendido el inmueble a un tercero de buena fe y éste ha suscrito a su favor».

A TENER EN CUENTA. En función de cuáles sean los peligros que se pretende conjurar, resultará procedente una u otra medida, **debiendo preferirse entre las de naturaleza análoga —prevención frente a riesgos de índole semejante—** que habrán de ser las menos gravosas para el sujeto pasivo, de conformidad con lo preceptuado en los apartados 2.º de los artículos 721 y 726 respectivamente, con el propósito de salvaguardar el equilibrio de los intereses encontrados del solicitante y del sujeto pasivo. **(AAP de Madrid n.º 107/2004, de 21 de abril, ECLI:ES:APM:2004:3198A).**

RESOLUCIÓN RELEVANTE

Auto de la Audiencia Provincial de Málaga n.º 552/2021, de 22 de diciembre, ECLI:ES:APMA:2021:1335A

«Es requisito para que una medida cautelar sea adoptada, que exista un riesgo real de que, mientras se sustancia el proceso de declaración, el demandado pueda intentar maniobras fraudulentas que pongan en peligro o hagan imposible una futura ejecución - periculum in mora-, (STC 148/93 de 29 abril), y éste no se presume ni se sobreentiende, es obligación de quien pide la medida cautelar afirmar y probar la existencia del mismo. Y en relación con el 'periculum in mora', doctrinalmente se señalan como tipos de riesgos los siguientes: a) Riesgos que amenazarían la posibilidad práctica de la efectividad de una sentencia en sentido genérico, es decir, por colocarse el demandado en situación de no poder cumplirla. Por ejemplo, el riesgo de insolvencia si se ha interpuesto una pretensión pecuniaria. b) Riesgos que amenazarían la efectividad de la sentencia en el supuesto de una ejecución específica. En el caso de entrega de una cosa determinada mueble, si no se hallare dicha cosa mueble por no haber adoptado la correspondiente cautela a lo largo del proceso principal, se tendrá que convertir la ejecución específica en una ejecución dineraria. c) Riesgos que amenazarían la inefectividad de la ejecución en cuanto de no adoptarse las medidas cautelares correspondientes, transcurriría el tiempo y llegado el momento de la ejecución de la sentencia que ha acogido la pretensión del actor, éste podrá encontrarse con una situación irreversible d) Riesgos que amenazan la utilidad práctica de los efectos no ejecutivos de la sentencia. Por ejemplo la estimación de una pretensión declarativa de dominio devendrá inútil, si en el desarrollo del proceso, el titular registral ha vendido el inmueble a un tercero de buena fe y éste ha suscrito a su favor.

> *La Ley de Enjuiciamiento Civil (artículo 728.1) prevé que el solicitante de la medida debe justificar que ' en el caso de que se trate, podrán producirse durante la pendencia del proceso, de no adoptarse las medidas solicitadas, situaciones que impidieren o dificultaren la efectividad de la tutela que pudiere otorgarse a una eventual sentencia estimatoria'. En consecuencia basta al solicitante justificar posibles dificultades o trabas y no una imposible o muy difícil ejecución para ejecutar la eventual sentencia de condena. Además, con relación al 'periculum in mora' del número 1 del art. 728LEC, se trata de un requisito que también era exigido por la Ley derogada en su artículo 1400.2°, bastando la existencia de situaciones de hecho que hacían presumir el peligro, como ser extranjero no naturalizado, carecer de bienes raíces o establecimientos agrícolas, mercantiles o industriales, o incluso que existiera 'motivo racional' para creer que el deudor pudiere ocultar o malbaratar sus bienes en daño de los acreedores. El legislador prescinde en la NLEC de estos supuestos de hecho específicos, sustituyéndolo por una justificación genérica, por lo que no es necesario acreditar la insolvencia del demandado, o que hay 'riesgo evidente' de que se vaya a producir, sino que, como dice el precepto, basta justificar que en el curso del proceso -de no adoptarse la medida- podrían producirse 'situaciones' que impidieren o dificultaren la efectividad de la tutela que pudiere otorgarse en una ' eventual' sentencia estimatoria. Por ello basta con una razonable probabilidad o verosimilitud de que se puedan producir esas situaciones, debiendo concederse al órgano jurisdiccional un cierto margen de discrecionalidad para valorar las circunstancias concurrentes de las que resulte el 'periculum in mora'».*

En relación con la **carga de la prueba**, señalaban los magistrados de la Sala de la **Audiencia Provincial de Madrid** en su auto n.° 65/2007, de 23 de marzo, ECLI:ES:APM:2007:3487A, que la concreta formulación legal grava al peticionario con la carga de alegar y probar las circunstancias de las que infiera fundadamente la inminencia de un peligro para la efectividad de la sentencia estimatoria, y la identificación individualizada del riesgo concreto que entienda se puede cernir sobre la efectividad del pronunciamiento postulado, pues en función de unas y otro es como ha de juzgarse la idoneidad de la singular medida solicitada. En consecuencia, —y como no podría ser de otra manera—, es el peticionario de la medida cautelar, quien tiene la carga de alegar y probar las circunstancias de las que se infiera fundadamente la existencia del peligro por la mora procesal para la efectividad de la sentencia estimatoria.

CUESTIÓN

¿Qué efecto tendrá el hecho de que quien solicita la adopción de una medida cautelar, ha dejado transcurrir largo tiempo consintiendo la situación de hecho que pretende alterar con la medida?

El párrafo segundo del artículo 728.1 de la LEC prevé que **no se acordarán medidas cautelares cuando con ellas se pretenda alterar situaciones de hecho consentidas por el solicitante durante largo tiempo,** salvo que éste justifique cumplidamente las razones por las cuales dichas medidas no se han solicitado hasta entonces. En este sentido, los distintos pronunciamientos mantenidos por las Audiencias Provinciales (en, entre otros, **AAP de Gipuzkoa n.° 2096/2005, de 11 de octubre, ECLI:ES:APSS:2005:749A**) exponen que, a tenor del paso del tiempo, el *periculum in mora* habría quedado en entredicho, pues la ausencia de peligro quedaría desmentida por la propia actuación del demandante (haber permitido que pase el tiempo), pues de ser cierto el peligro, este hubiera actuado en tiempo razonable. **Esta sola circunstancia es suficiente para no adoptar la medida cautelar interesada,** salvo que se justifique cumplidamente las razones por las cuales dichas medidas no se han solicitado hasta entonces.

Fumus boni iuris o apariencia jurídica de buen derecho

A la exigencia antedicha, se suma el requisito previsto en el apartado 2.º del artículo 728 de la LEC, de conformidad con el cual, «el solicitante de medidas cautelares también habrá de presentar con su solicitud los **datos, argumentos y justificaciones documentales que conduzcan a fundar, por parte del Tribunal, sin prejuzgar el fondo del asunto, un juicio provisional e indiciario favorable al fundamento de su pretensión**».

De acuerdo con lo expuesto y tal y como expone la **Sala de la Audiencia Provincial de Madrid en su auto n.º 74/2009, de 24 de abril, ECLI:ES:APM:2009:5259A, quien desee obtener una medida cautelar, deberá aportar justificación suficiente que revele, siquiera de modo indiciario, que lo más probable es que el derecho que trata ejercitar en el litigio principal vaya a merecer un juicio favorable.** Se trata de constatar que la pretensión de la parte solicitante tiene el grado de solidez necesario para justificar la concesión de la tutela cautelar. Para ello el juez examinará todo el material probatorio que ya tenga a su disposición en la correspondiente pieza, y se planteará, con pleno rigor y en toda su amplitud, la problemática jurídica que se haya suscitado, lo que debe permitirle alcanzar entonces un juicio provisional sobre la pretensión del demandante (que no supone prejuzgar porque no resulta vinculante para el que definitivamente efectuará tras la celebración del juicio, que es el marco procesal de referencia para la práctica de pruebas y cerrar el debate procesal). **Solo si ese enjuiciamiento provisional resultase favorable, podrá plantearse el otorgamiento de la tutela cautelar, sin que el umbral para poder acceder a una medida cautelar pueda rebajarse respecto a tal exigencia.**

Tal y como vienen señalando las distintas Audiencias Provinciales, no se exige que el demandante cautelar aporte prueba definitiva sobre la procedencia de su derecho sino que, en todo caso, es preciso encontrar un justo equilibrio entre el rigor probatorio, que motivaría el fracaso del sistema de tutela cautelar y el relajo o falta de rigor en la demostración de la apariencia de derecho, que propiciaría injustas injerencias en derechos ajeno. (**AAP de Logroño n.º 116/2011, de 19 de diciembre, ECLI:ES:APLO:2011:584A**).

Así pues, el *fumus boni iuris* o apariencia jurídica o de prevalencia jurídica, implica que la existencia del derecho o interés jurídico afirmados ha de parecer verosímil, o sea suficiente para que al seguir un cálculo de probabilidades quepa prever que la resolución principal declarará el derecho en sentido favorable al que solicita la medida cautelar. En definitiva, podemos concluir que la solicitud de la medida cautelar entraña un juicio de probabilidad o de verosimilitud, tratándose de que el solicitante aporte los datos, argumentos y justificaciones que conduzcan a fundar, por parte del tribunal, un juicio de su pretensión provisional y favorable.

> **CUESTIÓN**
>
> **¿Qué ocurrirá en aquellos supuestos en los que el solicitante de la medida cautelar no pueda aportar justificación documental de que su pretensión vaya a merecer un juicio favorable?**
>
> En estos casos, tal y como prevé el apartado 2.º del artículo 728 de la LEC, el solicitante podrá ofrecerla por otros medios de prueba (que deberá proponer en forma en el mismo escrito de su solicitud).

A TENER EN CUENTA. El examen de los presupuestos de las medidas cautelares y la conclusión sobre la procedencia o no de las medidas propuestas debe realizarse sopesando conjuntamente tanto el *periculum in mora* como el *fumus boni iuris*, esto es, cuanto mayor sea el riesgo de infectividad de la sentencia, el buen derecho del solicitante debe valorarse con menor laxitud y, viceversa, cuanto menor sea la situación de peligro en la demora derivada de la pendencia del pleito, más sólido debe ser el derecho invocado por el actor. (AAP de Barcelona n.º 190/2019, de 19 de noviembre, ECLI:ES:APB:2019:9310A).

RESOLUCIÓN RELEVANTE

Auto de la Audiencia Provincial de Málaga n.º 552/2021, de 22 de diciembre, ECLI:ES:APMA:2021:1335A

«Una de las mayores dificultades que presenta la adopción de medidas cautelares es llevar a la práctica lo recogido en el artículo 728.2 de la Ley de Enjuiciamiento Civil, esto es realizar, sin prejuzgar, un juicio provisional indiciario, sobre la viabilidad de la pretensión de fondo deducida por quien solicita la medida, juicio provisional que constituye, muchas veces, el fundamento de la decisión adoptada que, necesariamente ha de ser motivada.

Al igual que la Ley se exige al Juzgador la adopción de un juicio provisional, las partes han de ser conscientes de la provisionalidad de lo resuelto, así como de su motivación, debiendo tener siempre presente que lo que se está justificando es la adopción o rechazo de una medida cautelar y no la procedencia o improcedencia de la pretensión de fondo. Como bien se recoge en el en el auto citado la resolución recurrida, de la Audiencia Provincial de Teruel de 11 de abril de 2007, '... aun cuando la apariencia de buen derecho no puede equiparse a una prueba plena del derecho del actor, ya que para ello será necesario el desarrollo y conclusión del proceso para determinar si su derecho es o no apto para sustentar su pretensión, si exige rasgos de verosimilitud y fundamento en su solicitud que doten al juzgador de la convicción de que la medida cautelar proviene de quien ostenta un derecho fundado, verosímil y ajeno a todo idea de utilización como medida de presión o de manera infundada».

Prestación de fianza por el solicitante de las medidas cautelares

Este requisito es establecido en el apartado 3.º del 728 de la LEC, exigencia que se requiere a tenor de lo previsto en el art. 721 de la LEC, mediante el que se preceptúa que la adopción de las medidas cautelares se llevará a cabo bajo la responsabilidad del actor (principal o reconvencional) que las pide. Así pues, dicha caución **permitirá que, en caso de que se ocasione daños y perjuicios a consecuencia de la adopción de una medida cautelar, su resarcimiento se lleve a cabo de manera rápida y efectiva.** La caución asegura así la reparación de los menoscabos injustos que en tal caso puede experimentar el sujeto pasivo.

La caución puede ser otorgada en cualquiera de las formas previstas en el apartado 3.º del art. 529 de la LEC, esto es, mediante **dinero efectivo, aval solidario o cualquier otro medio que el Tribunal estime como oportuno para garantizar la inmediata disponibilidad de la cantidad de que se trate.**

Es importante resaltar que, a tenor de lo preceptuado por aparado 3.º del **artículo 732 de la LEC, deberá determinarse el tipo de caución ofrecida, así como su cuantía y justificación del importe propuesto.**

En este punto resulta de interés traer a colación el pronunciamiento recogido por la **Sala de la Audiencia de Provincial de Bizkaia, que en su Auto n.º 53/2019, de 8 de mayo, ECLI:ES:APBI:2019:851A,** en el que se mantienen los pronunciamientos contenidos en el auto recurrido por el que se denegaba la adopción de la medida cautelar solicitada, y ello en base al incumplimiento por parte de la actora del requisito previsto en el artículo 732.3, relativo a la prestación de caución. Justifica así la Sala la inadmisión de la solicitud de medidas cautelares:

> «Como recoge el auto de esta Sección 5ª de 23 de noviembre de 2016, citado por el de 17 de julio de 2017, **el reconocimiento y la prestación de caución es requisito ineludible para acceder a las mismas.** Ya en el auto n.º 100, de 29 de mayo de 2003, en un supuesto en que la cuestión se centraba en dilucidar si el ofrecimiento genérico de prestación de caución es suficiente a los efectos exigidos por el artículo 732.3 de la Ley de Enjuiciamiento Civil 1/2000, o si es exigible que el solicitante concrete cuantía y clase de la caución ofrecida, indicaba que 'el apartado 3 del artículo 732 indica que no basta ese ofrecimiento genérico, pues exige que se especifique el tipo de la caución e incluso la justificación del importe que se propone y, a mayor abundamiento, el párrafo segundo del artículo 735 de la Ley procesal, al atribuir al Tribunal la decisión sobre la 'idoneidad y suficiencia del importe de la caución', está imponiendo que previamente la solicitante haya concretado tanto el tipo de caución, como el importe, y por lo tanto, ha de considerarse insuficiente el ofrecimiento genérico, ya que además, tampoco se concretó este tema en el acto de la vista, razones que imponen la confirmación del auto recurrido'.
>
> Este es también el criterio seguido por diversas Audiencias, entre otras, la Sentencia de la Audiencia Provincial de Valladolid, de 27 de junio de 2007 (...)
>
> (...) aun considerando que concurren los requisitos de apariencia de buen derecho y de periculum in mora, y ello porque la actora en su petición de medidas cautelares ha incumplido lo preceptuado en el artículo 732.3 de la LEC, que dispone que ' habrá de ofrecerse la prestación de caución, especificando de qué tipo o tipos se ofrece constituirla y con justificación del importe que se propone'. Y así **en la solicitud presentada solo se especifica un ofrecimiento genérico, sin determinarse el tipo ni la cuantía ni justificar el importe de la cuantía, ni procedió a subsanar en el acto de la vista. Así en el presente caso no se ha cumplido por la actora la exigencia legal que viene señalada como necesaria por la LEC».**

CUESTIÓN

El defecto de ofrecer la caución prevista en el apartado 3.º del artículo 732 de la LEC, ¿puede ser subsanable?

Con respecto a esta cuestión también se pronuncian los magistrados de la Audiencia Provincial de Bizkaia a través del auto al que anteriormente se ha hecho alusión (**AAP de Bizkaia n.º 53/2019, de 8 de mayo, ECLI:ES:APBI:2019:851A**), afirmando que dicho defecto **no podrá ser subsanable** y ello como consecuencia de que, el artículo 732 de la LEC exige que la solicitud de la medida cautelar se formule con claridad y precisión, especificando de qué tipo o tipos se ofrece constituirla y con justificación del importe que se propone, **produciéndose en caso contrario el efecto preclusivo propio de los actos de derecho.**

Asimismo, cabe advertir que el **derecho a la justicia gratuita no exime de la prestación de la caución,** dado que la exención supone una importante lesión al interés privado del sujeto pasivo de la medida. En este sentido, se pronunció el **Tribunal Constitucional en su sentencia n.º 202/1987, de 17 de diciembre, ECLI:ES:TC:1987:202**, y dicha postura viene siendo adoptada por las Audiencias Provinciales, manifestándose de forma casi unánime en el sentido de confirmar que el beneficiario a la asistencia jurídica gratuita, no está exento de prestar caución (entre otros, **AAP de Madrid n.º 311/2012, de 9 de octubre, ECLI:ES:APM:2012:16647A y AAP Cádiz n.º 125/2012, de 5 de noviembre ECLI:ES:APCA:2012:986A**).

Circunstancia distinta a lo señalado en el párrafo precedente podrá ocurrir si nos encontramos ante un **supuesto en el que se ejercite una acción de cesación de defensa de los intereses colectivos y de los intereses difusos de los consumidores y usuarios,** en el que el tribunal podrá dispensar al solicitante de la medida del deber de prestar caución, y ello a tenor de lo dispuesto en el 2.º apartado del art. 728 de la LEC, atendiendo a las circunstancias del caso, la entidad económica y la repercusión social de los intereses afectados.

> **A TENER EN CUENTA.** Tras el debido ofrecimiento de caución, **será el tribunal el que, atendiendo a la naturaleza y contenido de la pretensión y a la valoración** que este realice, determine la caución.

RESOLUCIÓN RELEVANTE

Auto de la Audiencia Provincial de Valencia n.º 249/2023, de 25 de octubre, ECLI:ES:APV:2023:2478A

«El artículo 728.3 LEC (EDL 2000/77463) establece como requisito para la adopción de medidas cautelares que el solicitante de la medida preste caución suficiente para responder, de manera rápida y efectiva de los daños y perjuicios que la adopción de la medida cautelar pudiera causar al patrimonio del demandado; exigiendo su artículo 732.3 que en el escrito de petición se ofrezca la prestación de la misma, especificando de qué tipo o tipo se ofrece constituirla y con justificación del importe que se propone, lo que se constituye en requisito de procedibilidad según esta Sala ha venido entendiendo entre otros en Autos de 19 de julio de 2012 y 5 de julio de 2017. (A.P. Vizcaya) A este respecto dejó dicho el AAP de Valencia sec. 11ª que " La regulación que de la medida cautelar hace la LEC, implica que una de las piezas angulares de aquélla es la caución que ha de prestar el solicitante, modificando el sistema de la anterior Ley Procesal, en la que para el embargo preventivo preveía que el juez la dispensase si el solicitante tenía solvencia conocida. Este cambio de regulación implica por un lado que el artículo 728.3 de la LEC (EDL 2000/77463), establezca como regla general la constitución de caución por el solicitante, y por otro que las excepciones a ella deben estar expresamente recogidas como ocurre en los casos de embargo preventivo del artículo 441.4 de la LEC (EDL 2000/77463), o el artículo 21.5 de la LPH (EDL 1960/55). Ahora bien, fuera de estos supuestos, la claridad del artículo 732.3 de la LEC (EDL 2000/77463) implica la obligación del solicitante no sólo de ofrecerla

en la solicitud sino también le impone la de especificar el tipo y justificar el importe propuesto; requisitos todos ellos, incumplidos en la petición, en la medida que el precepto no contempla la solicitud de exención de la misma como modo de cumplir el citado requisito, máxime si se atiende a lo explicado anteriormente sobre el nuevo régimen instaurado por la actual Ley Procesal».

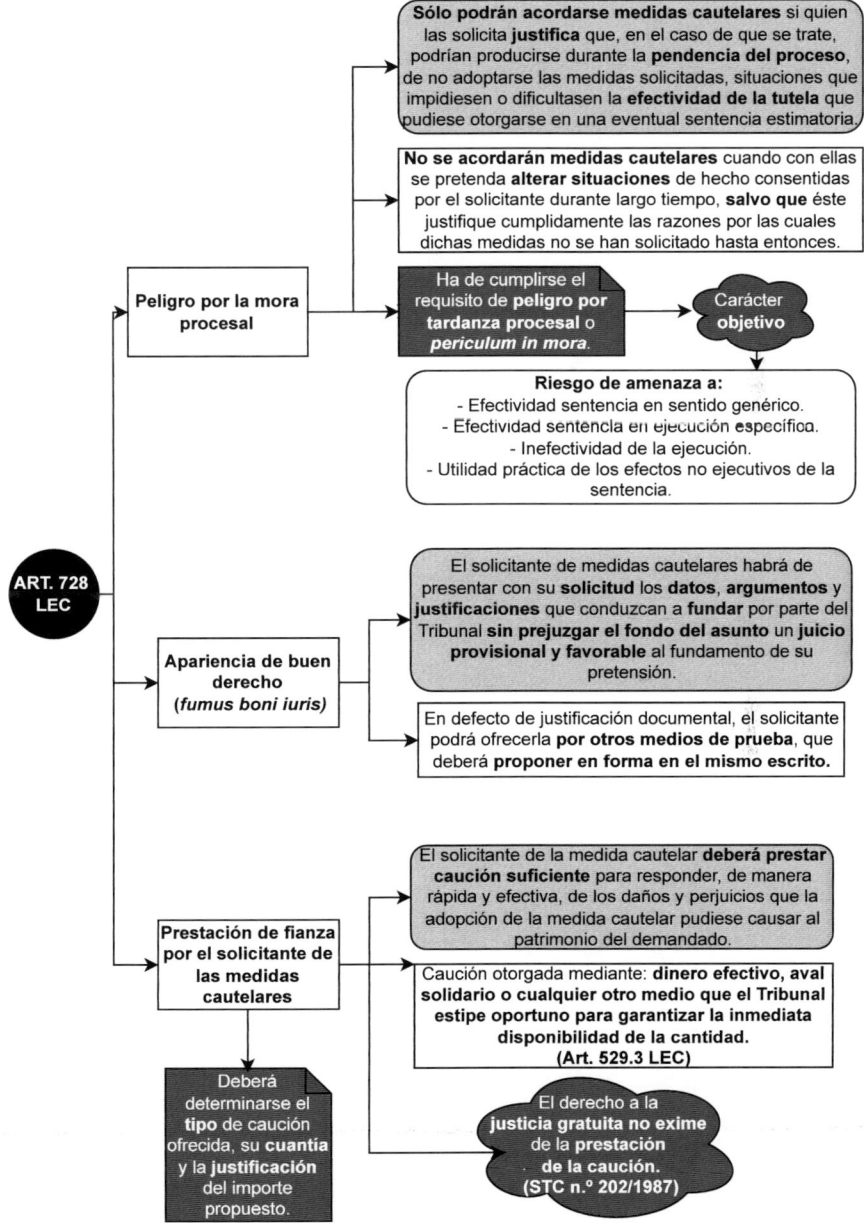

Sólo podrán acordarse medidas cautelares si quien las solicita **justifica** que, en el caso de que se trate, podrían producirse durante la **pendencia del proceso**, de no adoptarse las medidas solicitadas, situaciones que impidiesen o dificultasen la **efectividad de la tutela** que pudiese otorgarse en una eventual sentencia estimatoria.

No se acordarán medidas cautelares cuando con ellas se pretenda **alterar situaciones** de hecho consentidas por el solicitante durante largo tiempo, **salvo que** éste justifique cumplidamente las razones por las cuales dichas medidas no se han solicitado hasta entonces.

ART. 728 LEC

Peligro por la mora procesal

Ha de cumplirse el requisito de **peligro por tardanza procesal** o *periculum in mora*.

Carácter **objetivo**

Riesgo de amenaza a:
- Efectividad sentencia en sentido genérico.
- Efectividad sentencia en ejecución específica.
- Inefectividad de la ejecución.
- Utilidad práctica de los efectos no ejecutivos de la sentencia.

Apariencia de buen derecho (*fumus boni iuris*)

El solicitante de medidas cautelares habrá de presentar con su **solicitud** los datos, **argumentos** y **justificaciones** que conduzcan a **fundar** por parte del Tribunal **sin prejuzgar el fondo del asunto** un **juicio provisional y favorable** al fundamento de su pretensión.

En defecto de justificación documental, el solicitante podrá ofrecerla **por otros medios de prueba**, que deberá **proponer en forma en el mismo escrito.**

Prestación de fianza por el solicitante de las medidas cautelares

El solicitante de la medida cautelar **deberá prestar caución suficiente** para responder, de manera rápida y efectiva, de los daños y perjuicios que la adopción de la medida cautelar pudiese causar al patrimonio del demandado.

Caución otorgada mediante: **dinero efectivo, aval solidario o cualquier otro medio que el Tribunal estipe oportuno para garantizar la inmediata disponibilidad de la cantidad. (Art. 529.3 LEC)**

Deberá determinarse el **tipo** de caución ofrecida, su **cuantía** y la **justificación** del importe propuesto.

El derecho a la **justicia gratuita no exime** de la **prestación de la caución.** (STC n.º 202/1987)

4.
LAS TERCERÍAS EN CASOS DE EMBARGO PREVENTIVO

Con carácter previo, hemos de partir del hecho de que la finalidad específica de la **acción de tercería de dominio** es obtener el alzamiento de un embargo que se ha constituido sobre los bienes de un tercero, sin que su finalidad principal sea la recuperación del bien –pues de ordinario, este bien ya se encuentra poseído por un tercero–, sino que su finalidad responde al levantamiento, en este caso concreto, del embargo preventivo trabado.

Así, la RAE define la **tercería de dominio** como una «reclamación en forma de demanda de quien, sin ser parte en la ejecución, afirme ser dueño de un bien embargado u ostentar derecho que por disposición legal expresa le permita oponerse al embargo o realización del mismo». Puede deducirse pues, que la **tercería de dominio** hace referencia a quien, siendo un tercero, afirma que le corresponde un derecho a que su crédito sea satisfecho con preferencia al acreedor ejecutante.

Es el **artículo 729 de la Ley de Enjuiciamiento Civil** el precepto que prevé y posibilita la interposición de tercerías en casos en los que, como medida cautelar, se haya adoptado un embargo preventivo. Reza el citado artículo lo siguiente:

> «En el embargo preventivo, **podrá interponerse tercería de dominio, pero no se admitirá la tercería de mejor derecho, salvo que la interponga quien en otro proceso demande al mismo deudor la entrega de una cantidad de dinero.**
>
> La **competencia** para conocer de las tercerías a que se refiere el párrafo anterior corresponderá al **tribunal que hubiese acordado el embargo preventivo**».

Lo dispuesto en ese artículo, **habrá de ser puesto en relación con la regulación recogida en los artículos 593 y siguientes de la LEC**, toda vez que, es a través de estos donde nuestro ordenamiento jurídico regula lo concerniente al embargo de bienes de terceros y la tercería de dominio.

Sobre esta línea, el **Tribunal Supremo en la sentencia n.° 896/2022, de 14 de noviembre, ECLI:ES:TS:2022:4114**, señala que «la tercería de dominio es el procedimiento judicial al que puede acudir un sujeto que se ha visto perjudicado por el embargo trabado sobre un bien de su propiedad. Por lo tanto, la finalidad es instar el alzamiento del embargo y la desafectación del bien de la traba dispuesta por el Juzgado».

Asimismo, la meritada sentencia sigue estableciendo que:

«El artículo 595 de la Ley de Enjuiciamiento Civil señala que está legitimado para el proceso de tercería 'quien, sin ser parte en la ejecución, afirme ser dueño de un bien embargado como perteneciente al ejecutado y que no ha adquirido de éste una vez trabado el embargo' (artículo 595.1), así como a 'quienes sean titulares de derechos que, por disposición legal expresa, puedan oponerse al embargo o a la realización forzosa de uno o varios bienes embargados como pertenecientes al ejecutado' (artículo 595.2). como requisitos de la tercería destacan, como imprescindible, que se aporte una prueba por escrito con el fundamento de su pretensión art. 595.3 de la ley procesal civil, esto es, un título que acredite que el tercerista es propietario del bien. Este principio de prueba por escrito supone que quien afirme ser dueño de un bien embargado aporte el fundamento de su pretensión y prueba de que los bienes embargados al ejecutado lo han sido erróneamente, por formar parte, con anterioridad al momento de la traba, del patrimonio del tercerista».

Es interesante traer a colación la **sentencia de la Audiencia Provincial de Barcelona n.° 106/2023, de 9 de febrero, ECLI:ES:APB:2023:1783**, que reza lo siguiente:

«Completando la STS del 29 de mayo de 2020 (Ponente: Maria de los Angeles Parra Lucan, respecto a "una tercería de dominio (art. 595 LEC), contemplada en la ley como un incidente de la ejecución dirigido exclusivamente a decidir si procede la desafección o el mantenimiento del embargo (así, dice el art. 601 LEC que en la tercería de dominio no se admitirá más pretensión del tercerista que la dirigida al alzamiento del embargo)" que:

"La tercería, que puede interponerse desde que se decreta el embargo del bien a que se refiera y hasta su transmisión al acreedor o al tercero que lo adquiera en pública subasta (art. 596 LEC), se resuelve mediante auto en el que la pertenencia del bien es un mero antecedente lógico de la decisión sobre mantenimiento o alzamiento del embargo acordado, "sin que produzca efectos de cosa juzgada sobre la titularidad del bien (art. 603.I LEC).- Es decir, sea cual sea el sentido del auto, no produce cosa juzgada sobre la titularidad del bien que puede ser discutida en un proceso declarativo"».

En lo que respecta a la **interposición de la tercería de mejor derecho**, cabe advertir, como dispone la **sentencia del Tribunal Supremo n.° 333/2004, de 10 de mayo, ECLI:ES:TS:2004:3139**: «que resulta determinante para el éxito o fracaso de la pretensión del tercerista, identificar la fecha en que se trabó el embargo, ya que ha de ser puesta en relación con la de adquisición por el tercerista del derecho embargado. Así lo establece hoy el artículo 595 de la Ley 1/2000, de 7 de enero, de Enjuiciamiento Civil, y lo ha destacado reiteradamente la jurisprudencia. La Sentencia de 12 de diciembre de 1989 precisa que la viabilidad de la pretensión ejercitada mediante la tercería de dominio requiere que la justificación documental del tercerista sea referida a la fecha en que se realizó el embargo causante de la privación posesoria de la propiedad del bien embargado, por ser en tal momento cuando se produce la perturbación. La prueba de los hechos constitutivos de la acción de que se trata se puede lograr por cualquier medio, de acuerdo con las reglas generales».

Por su parte, la **Audiencia Provincial de A Coruña en la sentencia n.º 379/2018, de 21 de noviembre, ECLI:ES:APC:2018:2388**, señala que:

> «(...) por su parte, el art. 1924.3 establece la preferencia por la fecha de la escritura pública o de la sentencia firme, si hubiesen sido objeto de litigio, añadiendo que estos créditos tendrán preferencia entre sí por el orden de antigüedad de las fechas de las escrituras y sentencias.
>
> El art. 614 LEC, cuando regula la tercería de mejor derecho, tan sólo hace referencia a que el tercerista invoque y acredite 'un derecho a que su crédito sea satisfecho con preferencia al del acreedor ejecutante'.
>
> No obstante, la jurisprudencia de esta Sala, en atención a los efectos de la tercería, viene exigiendo que el crédito del tercerista sea cierto, líquido, vencido y exigible.
>
> En este sentido, se pronuncia la sentencia 392/2007, de 26 de marzo: 'La tercería de mejor derecho, tiene por objeto, la determinación de la preferencia del crédito invocado por el tercerista, frente al utilizado por el ejecutante, a efectos de aplicación del importe que se obtenga con la venta de lo embargado al pago preferente de uno de los créditos en pugna, debiendo representar, por tanto, el título del tercerista un crédito, vencido, líquido y exigible, es decir, una indiscutible realidad crediticia, pues de otro modo no puede haber concurrencia de créditos'.
>
> Y en parecidos términos también lo hizo la STS 457/2007, de 26 de abril: 'La tercería de mejor derecho, tiene por objeto, como ha declarado esta Sala, ofrecer a resolución del Juzgador la determinación de la preferencia del título de crédito invocado por el tercerista frente al utilizado por el ejecutante, a efectos de aplicación del importe que se obtenga con la venta de lo embargado al pago prioritario de uno de los créditos en pugna, debiendo representar, por tanto, el título del tercerista un crédito, vencido, líquido y exigible'.
>
> La doctrina de dichas sentencias es reproducida por la STS 609/2016, de 7 de octubre».

CUESTIÓN

¿La anotación preventiva otorga al acreedor que la tiene preferencia de cobro respecto de créditos anteriores?

No, conforme al sistema de concurrencia, preferencia y prelación de créditos previsto por nuestro Código Civil y, en particular, de acuerdo con lo dispuesto en los arts. 44 de la LH y 1923.4.º del CC, la preferencia singular de cobro del crédito que contempla este último precepto radica en el rango que otorga la anotación preventiva de embargo. Preferencia singular de cobro que no es absoluta o plena, pues solo surte efectos frente a "créditos posteriores". Esta es la respuesta dada por la Sala de lo Civil del Tribunal Supremo en su **sentencia n.º 127/2019, de 21 de marzo, ECLI:ES:TS:2019:904**, en la que, recordando que la «**jurisprudencia de la Sala** contenida, entre otras, en las sentencias n.º 397/1999, de 12 de mayo y n.º 660/1994, de 30 de junio, **ha precisado que dicha anotación preventiva no da al acreedor que la obtiene preferencia de cobro respecto de los créditos anteriores** y solo opera respecto de los créditos contraídos con posterioridad a la citada anotación preventiva de embargo».

JURISPRUDENCIA

Sentencia del Tribunal Supremo n.º 466/2019, de 17 de septiembre, ECLI:ES:TS:2019:2855

«La primera: que la preferencia que confiere el embargo, respecto de los bienes y derechos embargados, 'está condicionada a que no exista ningún otro derecho preferente que se haga valer mediante una tercería de mejor derecho, regulada en los arts. 614 y ss. LEC '.

La segunda: que, 'conforme a los arts. 1922.2 º y 1926.1º CC, el crédito pignora- ticio goza de preferencia respecto de lo obtenido con la realización del bien sobre el que se constituyó la prenda frente al resto de los acreedores', y esta preferencia del derecho de prenda sobre el embargo viene determinada por la fecha de constitución del derecho de prenda y no por la fecha en que el crédito garantizado con la prenda resulta líquido y exigible.

3. Después, recordamos que, si bien el art. 614 LEC, al regular la tercería de mejor derecho, tan sólo hace referencia a que el tercerista invoque y acredite 'un derecho a que su crédito sea satisfecho con preferencia al del acreedor ejecutante', la juris- prudencia, en atención a los efectos de la tercería, venía exigiendo que el crédito del tercerista sea cierto, líquido, vencido y exigible. Y citábamos al respecto las sentencias 392/2007, de 26 de marzo, y 457/2007, de 26 de abril . Esta doctrina responde a que, si el efecto de la tercería de mejor derecho es que lo obtenido con la realización del bien o derecho embargado se destine a hacer pago al acreedor tercerista a quien se le reconoce la preferencia de su crédito, es lógico que este sea cierto, liquido, vencido y exigible.

Esta exigencia de que el crédito del tercerista sea cierto, líquido, vencido y exi- gible tiene pleno sentido cuando, conforme a cómo está ideada la tercería de mejor derecho en la LEC, concurren créditos privilegiados que no cuentan con garantía real preferente en el tiempo al embargo. Pero no cuando concurre un crédito garantizado con una prenda, pues de otro modo se vaciaría la garantía real.

Como razonamos en la sentencia 609/2016, de 7 de octubre, en que se hacía valer una tercería de mejor derecho de un crédito garantizado con una prenda sobre unos bonos embargados después por la TGSS:

'Una garantía real constituida antes del embargo, en principio, no necesitaría acu- dir a la tercería de mejor derecho, pues el embargo se habría trabado sobre el bien o derecho gravado, razón por la cual, en todo caso, la realización del bien o del de- recho previamente gravado debe respetar la garantía real. Se ejecuta el bien con su garantía, de tal forma que quien lo adquiere en la ejecución lo hace con la carga que supone la garantía, y el acreedor titular de esta garantía real la mantiene intacta. Esto puede cumplirse fácilmente cuando la garantía goza de inscripción registral.

'No ocurre lo mismo cuando la garantía real, como es la prenda sobre derechos del presente caso, no está inscrita en el registro. En estos casos, como el embargo se trabó sin que quedara constancia de que los derechos estaban previamente pignora- dos, la realización de los derechos embargados puede vaciar la garantía real, que no podrá oponerse frente al adquirente en la ejecución. Por esta razón, para no vaciar la garantía real, debemos admitir que el acreedor pignoraticio pueda hacer valer la preferencia de cobro que le concede su garantía real frente a la TGSS mediante la tercería de mejor derecho'».

5.
REGULACIÓN DEL PROCEDIMIENTO PARA SU ADOPCIÓN

Es el capítulo II, título VI del libro III de nuestra Ley de Enjuiciamiento Civil donde nuestro ordenamiento jurídico regula el procedimiento a seguir para la adopción de medidas cautelares. **En concreto desde los artículos 730 a 738 de la LEC**.

La solicitud de medidas cautelares **puede llevarse a cabo antes de que comience el procedimiento, junto con la demanda, o una vez comenzado el proceso**.

Como norma general y, de conformidad con lo establecido artículo 730.1 de la LEC, las medidas cautelares serán **solicitadas junto con la demanda**. Dicha solicitud se llevará a cabo por escrito. Es decir, se formularán dos demandas dentro del mismo escrito, una del proceso principal y otra donde se recoja la solicitud y fundamentos del proceso cautelar.

Si se alegan y acreditan **razones de urgencia o necesidad**, las medidas cautelares podrán ser solicitadas antes de la demanda, en cuyo caso la ley prevé la obligación de que se presente demanda dentro de los veinte días siguientes a la adopción de las mismas, (en caso de que estas hubieren resultado adoptadas). A este respecto, el legislador apercibe de que, en caso contrario y transcurrido el periodo antedicho, se alzarán o revocarán dichas medidas, declarándose la responsabilidad del sujeto pasivo de los daños y perjuicios que estas medidas hubieran podido ocasionar al sujeto que se hubiere visto perjudicado por estas.

CUESTIÓN

¿Puede solicitarse oposición frente a una medida cautelar que ha sido previamente alzada y la caución devuelta?

No, así lo señala el **Tribunal Supremo** en su sentencia n.º 410/2016, de 15 de junio, ECLI:ES:TS:2016:2889, ya que una vez dejada sin efecto la medida cautelar y devuelto al solicitante la caución por acuerdo alcanzado por las pares y homologado judicialmente, ha concluido por completo la pieza de medidas cautelares y no puede formularse oposición, tampoco puede declararse la responsabilidad de la promotora e la medida cautelar, revista en el art. 730.2 de la LEC, en el caso de la citada sentencia: «(...) por no formular la demanda para obtener del capitán del buque Tiverton el conocimiento de embarque que pretendía, dentro de los veinte días siguientes a la adopción de la medida cautelar, puesto que el citado conocimiento de embarque le fue entregado en base al acuerdo alcanzado».

La solicitud de las medidas cautelares antes de la demanda debe formularse mediante escrito en el que se determine el tribunal al que se dirige el escrito, identificación de los sujetos activos y pasivos, fundamentación y expresión de la medida concreta que se pide. **Dicha fundamentación debe de ser doble**, por un lado, en un sentido general, referida a los presupuestos de la medida, por otro especial, en la que se deberá de razonar la urgencia o necesidad de la medida *ante causam*.

También es posible, de conformidad con lo previsto en el apartado 3.º del artículo 730 de la LEC, solicitar las medidas cautelares **después de la presentación de la demanda, incluso estando esta pendiente de recurso.** Si bien, es una posibilidad que nuestro legislador establece con carácter restrictivo, solo cuando la petición se base en hechos y circunstancias que justifiquen la solicitud en esos momentos.

Además, tal y como se estipula en la exposición de motivos de la Ley de Enjuiciamiento Civil, **las medidas cautelares no serán adoptadas sin previa contradicción**, pero se prevé que, en casos justificados, **puedan acordarse sin oír al sujeto pasivo sobre el que recae la medida solicitada si la audiencia pudiera comprometer el buen fin dicha medida.** En cuyo caso, se establece una oposición **inmediatamente posterior**.

En palabras de la Audiencia Provincial de Barcelona, en estos casos, **se exige al tribunal un juicio preliminar de urgencia o de peligro de ineficacia de la medida como presupuesto habilitante para adoptarla por esta vía excepcional,** juicio que será necesariamente primario o previo al examen de los requisitos generales para la adopción de la medida (el *fumus boni iuris* y el *periculum in mora*), debiendo razonarse por separado sobre la concurrencia de los requisitos de la medida cautelar y las razones que han aconsejado acordarla sin oír al demandado (**AAP de Barcelona n.º 66/2010, de 22 de abril, ECLI:ES:APB:2010:3214A**).

5.1. Momento para solicitar las medidas cautelares

Las medidas cautelares se solicitarán, como norma general, **junto con la demanda principal**, pero nuestra Ley de Enjuiciamiento Civil (**artículo 730 apdos. 2 y 3 de la LEC**) contempla las siguientes excepciones:

- **Solicitud de medidas cautelares antes de la demanda**: en este caso quien en ese momento las pide debe alegar y acreditar razones de urgencia necesidad. En cuanto a este requisito de la acreditación de las razones de urgencia o necesidad que justifiquen la adopción de la medida cautelar con carácter previo, debe señalarse que ello **se configura como un supuesto excepcional** respecto del ordinario. Así, el **auto de la Audiencia Provincial de Granada n.º 189/2023, de 8 de noviembre, ECLI:ES:APGR:2023:104A**, señala que, este requisito ha de relacionarse con la existencia que **motivos**

que impiden o dificultan gravemente al solicitante de las medidas la presentación de la inmediata de la demanda iniciadora del procedimiento principal, y que provoquen que en el periodo imprescindible para preparar la presentación de tal demanda puedan producirse acontecimientos que impidan o dificulten la efectividad de la tutela que pudiera otorgarse en la eventual sentencia estimatoria.

Asimismo, en este caso, las medidas que se hubieran acordado quedarán sin efecto si la demanda no se presentare ante el mismo Tribunal que conoció de la solicitud en los veinte días siguientes a su adopción. El letrado de la Administración de Justicia, de oficio, acordará mediante decreto que se alcen o revoquen los actos de cumplimiento que hubieran sido realizados, condenará al solicitante a costas y a los daños y declarará que es responsable de los daños y perjuicios que haya producido al sujeto respecto del cual se adoptaron las medidas. En este sentido es interesante la lectura la de la **sentencia de la Audiencia Provincial Tarragona, n.° 164/2010, de 29 de marzo, ECLI:ES:APT:2010:608:**

> «Uno de los supuestos en que viene prevista necesariamente la responsabilidad del solicitante es cuando no formaliza en plazo la reclamación garantizada, según resulta del art. 730 L.E.C. apartado segundo referente a medidas cautelares anteriores a la demanda, que se dejan sin efecto por no presentarse ésta: impone que "de oficio" se declare al solicitante responsable de los daños y perjuicios que haya producido por la adopción de las medidas. Pero esta imposición no se regula como necesaria en los supuestos de alzamiento de la medida cautelar en virtud de otros trámites: si bien los arts. 742 y 745 L.E.C. prevén el pago de una indemnización por los daños y perjuicios cuando se alza la medida cautelar por estimar la oposición o por sentencia absolutoria, la jurisprudencia ha matizado esta consecuencia indemnizatoria, tal como explica la sentencia apelada con cita de la S.T.S. 19 abril 2006, en el sentido de no ser siempre exigible la indemnización de daños y perjuicios por el embargo».

- **Solicitud con posterioridad a la demanda o pendiente de recurso**: únicamente se podrán solicitar las medidas cautelares en este momento cuando la petición se base en hechos y circunstancias que justifiquen la solicitud en esos momentos.

A modo de ejemplo, cabe traer a colación el **auto de la Audiencia Provincial de Barcelona n.° 282/2023, de 16 de noviembre, ECLI:ES:APB:2023:1053A:**

> «El auto apelado razona que el riesgo alegado por la actora ya existía al tiempo de la demanda, pues la posibilidad de que la demandada vendiera la finca objeto de controversia a un tercero ya concurría. El hecho de que ahora exista sentencia estimatoria de desahucio favorable a la demandada no agrava dicho peligro y, aun menos, justifica la solicitud de la medida en estos momentos.
> La parte apelante argumenta que el riesgo aparece en el momento en que se dicta la sentencia estimatoria de la demanda de desahucio puesto que, en el supuesto de que se confirme dicha sentencia, que obliga a dejar

la finca vacía bajo apercibimiento de lanzamiento, podría darse el supuesto de que la ejecución del lanzamiento, fuese más rápida que la resolución definitiva del presente pleito. En este escenario, los posibles compradores de la finca podrían visitarla, como es habitual realizar antes de adquirir una propiedad, sin que hubiese ningún ocupante que advirtiera de su derecho expectante.

El riesgo alegado, que un tercero de buena fe pueda adquirir la vivienda, al no constar en el registro de la propiedad que la misma está sujeta a un procedimiento judicial en el que se discute la existencia de un contrato de opción de compra, ya existía en el momento de la interposición de la demanda, puesto que en ese momento ya estaba pendiente el procedimiento de desahucio por expiración del plazo».

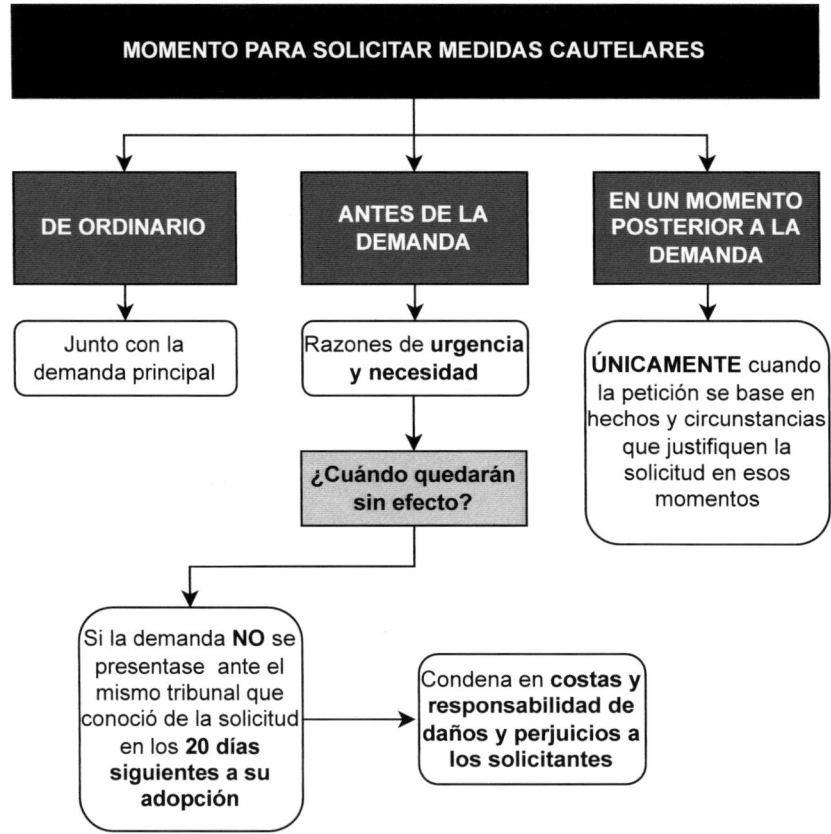

Es importante tener en cuenta que, el requisito temporal para la presentación de la demanda ante el mismo Tribunal que conoció de la solicitud de las medidas en el plazo de veinte **días no regirá en los casos de formalización judicial de arbitraje o de arbitraje institucional**. En estos casos para que la medida cautelar se mantenga, será suficiente con que la parte beneficiada por ésta lleve a cabo todas las actuaciones tendentes a poner en marcha el procedimiento arbitral.

Accesoriedad de las medidas cautelares. Ejecución provisional y medidas cautelares

Cuando el proceso principal haya finalizado no se mantendrán las medidas cautelares, salvo que se trate de sentencia condenatoria o auto equivalente, en cuyo caso deberán mantenerse las medidas acordadas hasta que transcurran veinte días posteriores a la resolución de condena firme (**artículos 548 y 731 de la LEC**). Transcurridos los veinte días, en caso de que no se solicitase la ejecución, se alzarán las medidas que estuvieran adoptadas.

A TENER EN CUENTA. No se podrá mantener una medida cautelar cuando un procedimiento quede en suspenso durante más de seis meses por causa imputable al solicitante de la medida.

Cuando se despache la ejecución provisional de una sentencia, se alzarán las medidas cautelares que se hubieran acordado y que guarden relación con dicha ejecución.

Si bien, el precitado artículo 731 de la LEC establece que **no se mantendrá una medida cautelar cuando el proceso principal haya terminado por cualquier causa**, lo exceptúa cuando se trate de una sentencia condenatoria o auto equivalente, pues en tal caso deberán mantenerse las medidas hasta que transcurra el plazo preceptuado en el artículo 548 de la LEC (veinte días posteriores a aquél en que la resolución de condena o de aprobación del convenio haya sido notificada al ejecutado).

Así, la función de las medidas cautelares es asegurar la efectividad de la tutela judicial que pudiera otorgarse en la sentencia estimatoria que se dictare, y efectivamente, la duración del proceso puede causar un *periclum in mora*, esto es, el riesgo de provocar en ocasiones la inefectividad de la resolución judicial que pueda dictarse, por las actuaciones de la parte demandada durante la pendencia del proceso. Por tal razón, el **auto del Tribunal Supremo, rec. 4363/2023, de 29 de abril de 2024, ECLI:ES:TS:2024:5011A**, señala:

> «(…) una vez que existe una sentencia firme que pone fin al proceso, desaparece la razón de ser de dichas medidas cautelares. Si la sentencia es desestimatoria de la pretensión ejercitada, porque la tutela judicial cuya efectividad pretendía asegurarse ha sido denegada. Si la sentencia es condenatoria, una vez transcurrido el plazo de espera de la ejecución de la resolución judicial previsto en el art. 548 de la Ley de Enjuiciamiento Civil, durante el que el condenado puede cumplir voluntariamente la sentencia (y durante el que subsiste la función aseguraticia de las medidas cautelares), la tutela judicial ya ha sido otorgada y el demandante que ha obtenido la sentencia condenatoria en su favor puede solicitar la ejecución forzosa de la sentencia, en la que, en su caso, pueden confirmarse las medidas cautelares otorgadas. De ahí que el art. 731.1 de la Ley de Enjuiciamiento Civil establezca:
>
> "No se mantendrá una medida cautelar cuando el proceso principal haya terminado, por cualquier causa salvo que se trate de sentencia condenatoria o auto equivalente, en cuyo caso deberán mantenerse las medidas acordadas hasta que transcurra el plazo a que se refiere el artículo 548 de la presente Ley. Transcurrido dicho plazo, si no se solicitare la ejecución, se alzarán las medidas que estuvieren adoptadas"».

Si durante el referido período de veinte días, deben mantenerse las medidas cautelares acordadas, también durante ese mismo período habrá de reconocer al solicitante el derecho e interés legítimo a insistir en su adopción o a recurrir su desestimación. (auto de la Audiencia Provincial de Valladolid, n.º 90/2002, de 28 de junio, ECLI:ES:APVA:2002:13A).

CUESTIÓN

Se acuerda como medida cautelar el embargo preventivo, con anterioridad al concurso de acreedores, con puesta a disposición de las cantidades transferidas, ¿hasta cuándo ha de mantenerse la medida cautelar?

Ha de mantenerse la medida cautelar hasta que recaiga sentencia condenatoria o auto equivalente y se solicite su ejecución, provisional o definitiva.

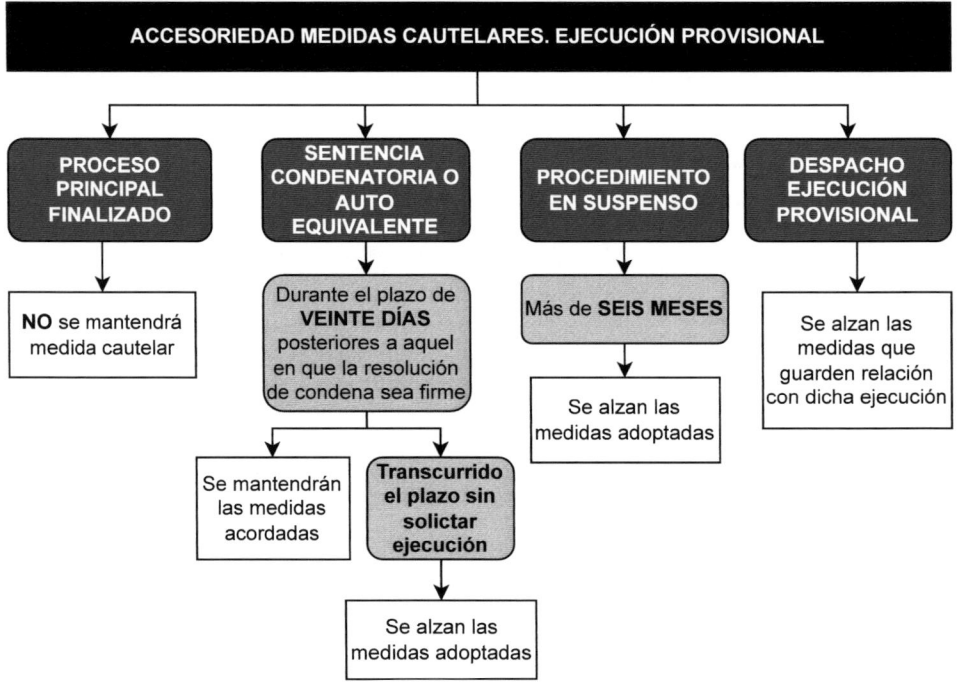

La solicitud de medidas cautelares

La solicitud de las medidas cautelares se formulará con **claridad y precisión, justificando cumplidamente la concurrencia de los presupuestos legalmente exigidos para su adopción,** así lo establece el **artículo 732.1 de la LEC.**

A la solicitud se deberán acompañar los **documentos que la apoyen o se ofrecerá la práctica de otros medios para el acreditamiento de los presupuestos que autorizan la adopción de medidas cautelares.**

Por otro lado, cuando las medidas cautelares se soliciten en relación con procesos incoados por demandas en que se pretenda la prohibición o cesación de actividades ilícitas, podrá proponerse al tribunal que, con carácter urgente y sin dar traslado del escrito de solicitud, requiera los informes u ordene las investigaciones que el solicitante no pueda aportar o llevar a cabo y que resulten necesarias para resolver sobre la solicitud.

CUESTIÓN

¿Precluirá la posibilidad de proponer prueba con la petición de medidas cautelares?

Sí, al exigirse que con la solicitud de medidas cautelares se acompañen los documentos que la apoyen y se ofrezca en ella la práctica de otros medios de prueba idóneos, precluirá la posibilidad de proponer prueba con la petición de medidas cautelares, en este sentido se pronuncian los autos de la *Audiencia Provincial de Barcelona, n.º 119/2011, de 24 de mayo, ECLI:ES:APB:2011:2558A y la Audiencia Provincial de Lleida, n.º 30/2011, de 25 de marzo, ECLI:ES:APL:2011:133A.*

En el escrito de petición habrá de ofrecerse la prestación de caución, especificando de qué tipo o tipos se ofrecen constituirla y con justificación del importe que se propone.

El ofrecimiento de la caución es una exigencia razonable pues sin ella se impide la defensa del demandado sobre ese presupuesto y, al propio tiempo, se sustrae al tribunal los fundamentos para la resolución sobre la forma, cuantía y tiempo en que deba prestarse.

En este sentido, es importante determinar las consecuencias de su omisión, o bien, las del ofrecimiento improcedente en términos tan genéricos o imprecisos que le impidan cumplir su finalidad; y, al efecto, debe interpretarse ese requisito en atención a su fin y en conexión con la naturaleza del derecho que se ejercita, pues, la tutela cautelar forma parte del derecho fundamental a la tutela judicial efectiva, de manera que si se rechaza esa petición, se está impidiendo el acceso a esa tutela que integra un derecho fundamental, así lo aclara la **Audiencia Provincial de Santa Cruz de Tenerife, en su auto n.º 116/2003, de 22 de septiembre, ECLI:ES:APTF:2003:254A**.

Es importante resaltar que, de acuerdo con el **Tribunal Constitucional en sentencia n.º 202/1987, de 17 de diciembre, ECLI:ES:TC:1987:202**, no se vulnera el derecho del recurrente a la tutela judicial efectiva por el hecho de exigirle la prestación de fianza o caución a pesar de que el actor tenga el beneficio de pobreza, pues la tutela judicial efectiva a los demandantes que gocen del beneficio de justicia gratuita no les ha sido negada ya que no se impide el derecho al proceso, siendo la medida cautelar una garantía en su caso de la ejecución, que no impide el ejercicio del derecho principal, así lo desarrolla la **Audiencia Provincial de Zamora, en auto n.º 43/2013, de 18 de julio, ECLI:ES:APZA:2013:1A**.

CUESTIONES

1. La omisión del requisito de ofrecer caución junto con la solicitud de medidas cautelares, ¿es un defecto subsanable?

La omisión del ofrecimiento de caución integra un defecto subsanable que no puede excluir, como efecto inmediato, el ejercicio de un derecho fundamental. Dicha subsanación puede realizarse por el cauce del artículo 231 de la LEC o bien, aplicando por analogía el artículo 424 de la misma Ley, de modo que solo en caso de que no se subsane pueda producir una consecuencia tan drástica como la señalada, en este sentido se pronuncia el precitado auto de la Audiencia Provincial de Santa Cruz de Tenerife, n.º 116/2003, de 22 de septiembre, ECLI:ES:APTF:2003:254A.

En el mismo sentido el **auto de la Audiencia Provincial de Almería n.º 463/2023, de 17 de octubre, ECLI:ES:APAL:2023:1617A** la caución no se trata de un mero requisito formal susceptible de sanación, sino de índole material, cuya ausencia no puede ser subsanada, y ha de dar lugar al rechazo de la pretensión pues habría de ser necesariamente fijada para atender de manera rápida y eficaz de los eventuales daños y perjuicios que la adopción de la medida cautelar pudiera causar en su patrimonio

En el sentido contrario, la **Audiencia Provincial de Madrid, en su auto n.º 146/2010, de 30 de junio, ECLI:ES:APM:2010:11324A**, argumenta que el ofrecimiento de caución no es un mero requisito de forma susceptible de subsanación, sino de índole material, cuya ausencia no puede ser subsanada, «Ello es así porque la parte contraria podrá oponer todo aquello que tenga por conveniente, tanto en orden a la procedencia de la medida solicitada, como en cuanto al tipo o tipos de caución que se ofrecen, y el importe que se propone, con la finalidad de que el Tribunal de instancia, oídas ambas partes, pueda resolver sobre la procedencia de la medida, y en su caso fijar caución, atendida la naturaleza y contenido de la pretensión que se actúa. Por tanto, no se trata de un mero requisito de forma susceptible de sanación, sino de índole material, cuya ausencia no puede ser subsanada, y debió haber dado lugar al rechazo de la pretensión, sin necesidad del señalamiento de vista, pues, de otro modo, se estaría vulnerando el principio de contradicción, ya que la otra parte no puede defenderse de la misma con la debida eficacia en la vista señalada para audiencia de las partes, y poco podría oponer en ella frente a la caución, que necesariamente habría de ser fijada para atender de manera rápida y eficaz de los eventuales perjuicios que la medida cautelar pudiere causar en su patrimonio. Es más, el párrafo segundo del apartado 2 del artículo 734 de la Ley 1/2000, de siete de enero, de Enjuiciamiento Civil, establece la posibilidad a quien debe soportar la medida cautelar, de pedir al tribunal que, en sustitución de ella, acuerde adoptar una caución sustitutoria, conforme a lo previsto en el artículo 746 de la propia Ley; estableciendo el artículo 747 que dicha solicitud, para supuestos como el que nos ocupa, debe hacerse en el trámite recogido en el párrafo segundo del apartado 2 del artículo 734 para ello. Por consiguiente, si no se ofrece caución en los tajantes términos que regula el apartado 3 del artículo 732, que determina que "En el escrito de petición habrá de ofrecerse la prestación de caución, especificando de qué tipo o tipos se ofrece constituirla y con justificación del importe que se propone", incumpliendo así también su apartado 1, que exige que la solicitud de medidas cautelares se formule con claridad y precisión, justificando cumplidamente la concurrencia de los presupuestos legalmente exigidos para su adopción, difícilmente se podrá oponer a ello en el acto de la vista la parte contraria, conociendo todos los extremos en que se fundamenta la pretensión dela contraria, obligándole, en su caso, a pedir al tribunal una caución sustitutoria sobre algo que desconoce, y siendo el propio tribunal el que deberá resolver sin que exista una pretensión clara y precisa de la promovente de las medidas, que pudo y debió formular con su solicitud inicial, decayendo después su derecho; del mismo modo que, planteada una demanda –en este caso solicitud de medidas– no es susceptible complementarla en el acto de la vista con elementos esenciales, legal e imperativamente exigidos».

De igual manera, el **auto de la Audiencia Provincial de Barcelona n.º 1291/2003, de 2 de diciembre, ECLI:ES:APB:2003:1549A** que cita el **auto de la Audiencia Provincial de Valencia n.º 73/2002, de 24 de abril, ECLI:ES:APV:2002:286A**, entiende que ninguna disposición legal prescribe que la omisión de la prestación de la caución se insubsanable no que la falta de este requisito impida el conocimiento de la petición deducida.

2. ¿Cuál es el plazo para hacer efectiva la caución?

La LEC no dispone nada al respecto, por lo que, habrá que atender a la decisión del Tribunal para hacer efectiva la caución.

3. ¿Podemos solicitar la medida cautelar como otrosí en la misma demanda?

Sí, además tal y como se pronuncia la **Audiencia Provincial en auto n.º 76/2007, de 17 de abril, ECLI:ES:APM:2007:5071A**, la solicitud de medidas cautelares tiene su propia forma y sustantividad, pero cuando la medida cautelar se solicita como otrosí en la misma demanda no es necesaria la repetición de los hechos y razones jurídicas, ni la aportación de copia de los documentos ya presentados con la demanda justificadores de la concurrencia de la apariencia de buen derecho.

4. ¿El importe de la caución tiene que coincidir con el importe del proceso principal?

No, así lo señala el auto de la **Audiencia Provincial de Madrid n.º 137/2008, de 19 de mayo, ECLI:ES:APM:2008:6229A**: «En consecuencia, no cabe realizar una concordancia cuantitativa y relación directa entre el objeto del pleito y la fianza prestada, sino que ésta debe atemperarse a los eventuales perjuicios que la adopción de la medida cautelar pudiera ocasionar al patrimonio del demandado, teniendo en cuenta la naturaleza y contenido de la pretensión, como viene a determinar el artículo 728 de la LEC, que en el caso como el presente debe considerarse adecuada, si además, se tiene en cuenta los bienes embargados existentes en el interior de la oficina, tal y como consta en autos».

5.2. Procedimiento para la adopción

La Ley de Enjuiciamiento Civil contempla la adopción de medidas cautelares mediante un conjunto unitario de preceptos (artículos 721 y ss. de la LEC) del que solo se excluyen aquellas medidas cautelares que son contempladas en determinados procesos especiales. Por ello, y tal y como señalan los magistrados de la **Audiencia Provincial de Zaragoza en el auto n.º 643/2002, de 8 de noviembre, ECLI:ES:APZ:2002:575A**, las medidas cautelares se regulan genéricamente para todo proceso, salvo para ciertos procesos especiales que tienen sus específicas medidas cautelares. Así pues, si un proceso no tiene medidas cautelares específicas (en el caso de autos, por ejemplo, la Sala hace mención a que el embargo preventivo tiene su proceso de medidas cautelares en el juicio cambiario), el proceso se llevará a cabo de conformidad con las generalidades establecidas en los artículos 721 y ss. de la LEC.

Asimismo, como regla general y a tenor de lo dispuesto en el **art. 733 de la LEC**:

«1. Como regla general, el tribunal proveerá a la petición de medidas cautelares previa audiencia del demandado.

2. No obstante lo dispuesto en el apartado anterior, cuando el solicitante así lo pida y acredite que concurren razones de urgencia o que la audiencia previa puede comprometer el buen fin de la medida cautelar, el tribunal podrá acordarla sin más trámites mediante auto, en el plazo de cinco días, en el que razonará por separado sobre la concurrencia de los

requisitos de la medida cautelar y las razones que han aconsejado acordarla sin oír al demandado.

Contra el auto que acuerde medidas cautelares sin previa audiencia del demandado no cabrá recurso alguno y se estará a lo dispuesto en el capítulo III de este título. El auto será notificado a las partes sin dilación y, de no ser posible antes, inmediatamente después de la ejecución de las medidas».

Vista para la audiencia de las partes

Es en el **artículo 734 de la LEC** donde se regula la vista para la audiencia de las partes.

Recibida la solicitud, el letrado de la Administración de Justicia, mediante diligencia (salvo en aquellos casos en los que, a tenor de la urgencia o el buen fin de la medida cautelar el tribunal haya acordado la medida cautelar sin audiencia del demandado), en el **plazo de cinco días**, contados desde la notificación de aquélla al demandado convocará a las partes a una **vista, que se celebrará dentro de los diez días siguientes sin necesidad de seguir el orden de los asuntos pendientes cuando así lo exija la efectividad de la medida cautelar.**

Asimismo, antes de acordar o denegar la medida cautelar, no será necesario que el demandante pida de manera expresa dar audiencia al demandado. Solo será necesario solicitar de manera expresa que no se dé **audiencia al demandado, así lo argumenta la Audiencia Provincial de Girona en su auto n.º 176/2006, de 2 octubre, ECLI:ES:APGI:2006:379A.**

En el acto de audiencia de las partes se practicarán las pruebas, a excepción de la relativa al reconocimiento judicial que, si el juzgador la considera relevante y no es posible llevar a cabo su práctica en dicho momento, deberá realizarse en el plazo de cinco días.

Contra las resoluciones del tribunal sobre el desarrollo de la comparecencia, su contenido y la prueba propuesta no cabrá recurso alguno, sin perjuicio de que, previa la oportuna protesta, en su caso, puedan alegarse las infracciones que se hubieran producido en la comparecencia en el recurso contra el auto que resuelva sobre las medidas cautelares.

Así, **la ausencia de protesta se erige en un obstáculo insubsanable** para apelar la decisión adoptada en la instancia (**auto de la Audiencia Provincial de Granada n.º 20/2022, de 16 de febrero, ECLI:ES:APGR:2022:289A**). En el mismo sentido, y a modo de ejemplo cabe citar el **auto de la Audiencia Provincial de Madrid n.º 20/2019, de 8 de febrero, ECLI:ES:APM:2019:376A**:

> «Pues bien, examinamos el soporte audiovisual de la vista previa y comprobamos que el letrado de la parte demandante no formuló, frente a la decisión de la juzgadora, protesta alguna a pesar de haber tenido la oportunidad procesal de hacerlo.
>
> No es posible, pues, apreciar la causa de nulidad que se invoca, sin que para alcanzar tal conclusión resulte necesario entrar a valorar si la circunstancia aducida en el recurso constituyó o no una verdadera infracción procesal causante de indefensión».

Una vez terminada, el tribunal, en el plazo de cinco días, decidirá mediante auto sobre la solicitud de medidas cautelares.

Recursos

Contra el **auto que acuerde medidas cautelares cabrá recurso de apelación**, sin efectos suspensivos. (**Artículo 735 de la LEC**).

Contra el auto que las deniegue solo cabrá recurso de apelación, que tendrá tramitación preferente. Las costas, en este supuesto, se impondrán de acuerdo con lo previsto en el artículo 394 de la LEC (**artículo 736 de la LEC**).

A pesar de que en un principio se deniegue la petición de medida cautelar, el actor podrá reproducir su solicitud si cambian las circunstancias existentes en el momento de la petición.

Al respecto es interesante lo señalado por la **sentencia del Tribunal Supremo n.º 1790/2018, de 18 de diciembre, ECLI:ES:TS:2018:4405**:

> «3) Sin embargo, **la necesidad esencial y primaria, propia de toda medida cautelar, de preservar la finalidad legítima del recurso y prevenir su desaparición nos impide acotar, en términos absolutos, tal límite interpretativo, descartando de plano que haya datos o elementos sobrevenidos de orden jurídico que pudieran afectar concluyentemente al enjuiciamiento cautelar.** Ello depende en buena medida de la naturaleza más o menos intensa o intervencionista de la potestad ejercitada, de la intensidad con que juegan en cada caso, materia o acto, las presunciones administrativas; o, en fin, de la propia índole del factor jurídico que haya de tenerse en cuenta: así, por ejemplo, sería razonable adoptar una medida cautelar antes denegada para acceder a la suspensión cautelar de una sanción en presencia de una norma legal sobrevenida más favorable al sancionado.
>
> 4) Lo que sí resulta patente y, además, es necesario tomar en consideración para resolver este concreto asunto, **es que el denominado fumus boni iuris**, aun cuando se fundamente en sentencias judiciales firmes, con fundamento en el vaticinio más o menos fundado sobre la razonabilidad o prosperabilidad de la pretensión principal de fondo, de cuyo aseguramiento o cautela se trata, **no constituye un factor estático o inamovible en el tiempo, sino por el contrario es dinámico y evolutivo, de suerte que lo que, en un momento dado y en presencia de datos o factores que son valorados en aquellas decisiones judiciales, crea o denota esa apariencia fundada de buen derecho** -como sucede aquí en las sentencias de esta Sala a que se ha hecho referencia en relación con el fumus boni iuris, manifestado en las diversas iniciativas de órganos administrativos de la Unión Europea que parecían poner en tela de juicio la conformidad con el ordenamiento comunitario del impuesto que nos ocupa, ahora en sede cautelar-, puede haber perdido luego su razón de ser a la vista de nuevos datos o circunstancias jurídicas que contradigan, enerven o neutralicen ese fumus o apariencia, que es, justamente, lo que aquí ha sucedido».

CUESTIÓN

¿Es posible que en el auto por el que se establecen las medidas cautelares solicitadas se contemple la condena en costas del demandado como consecuencia de su oposición a dichas medidas?

Nuestros tribunales se han pronunciado a este respecto en diversas ocasiones acogiendo que, ante el silencio mantenido por el legislador en relación a la condena en costas en el artículo 735 de la LEC, frente al artículo 736 del mismo texto legal (auto por el que se deniega la adopción de medidas cautelares), el cual, sí establece el criterio de imposición de costas, debe desprenderse la imposibilidad de condenar en costas al demandado máxime cuando nos encontramos ante un juicio provisional propiciado por exclusivo interés del demandante, cuya razón de ser es la apariencia de buen derecho en la acción ejercitada en el proceso del que trae causa, cuando luego el demandado puede resultar vencedor en el juicio definitivo. (**Auto Audiencia Provincial de Pontevedra n.º 82/2009, de 14 de mayo,** ECLI:ES:APPO:2009:161A, entre otros).

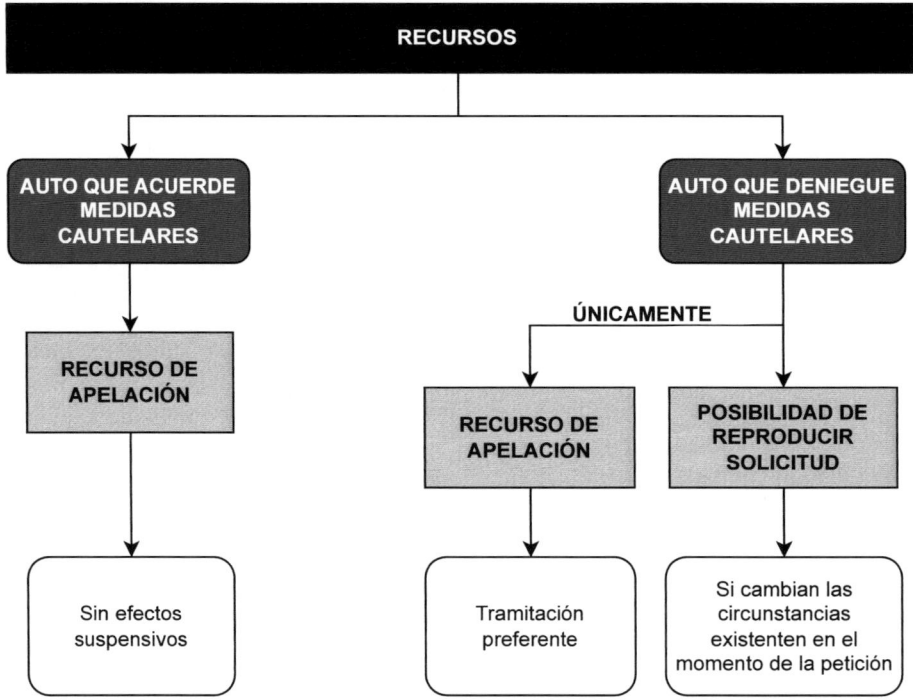

Ejecución de la medida cautelar

La ejecución de la medida cautelar, regulada en el **artículo 738 de la LEC, se llevará a cabo de oficio** empleando para ello los medios que fueran necesarios.

– Si se hubiese solicitado como **medida cautelar el embargo preventivo**, se procederá para su ejecución conforme lo previsto en los artículos 584 y ss. de la LEC para los embargos decretados en el proceso de ejecución, pero sin que el deudor esté obligado a la manifestación de bienes que dispone el artículo 589 de la LEC. Las decisiones sobre mejora, reducción o modificación del embargo preventivo habrán de ser adoptadas, en su caso, por el Tribunal.

- Si se hubiese solicitado como **medida cautelar la administración judicial**, se procederá conforme a los artículos 630 y siguientes de la LEC.

- Si se hubiese solicitado como **medida cautelar la anotación preventiva**, se procederá conforme a las normas del registro correspondiente.

Por su parte, los depositarios, administradores judiciales o responsables de los bienes o derechos sobre los que ha recaído una medida cautelar solo podrán enajenarlos, previa autorización por medio de providencia del tribunal y si concurren circunstancias tan excepcionales que resulte más gravosa para el patrimonio del demandado la conservación que la enajenación.

5.3. Oposición a las adoptadas sin audiencia del demandado

Tal y como se estipula en la exposición de motivos de la Ley de Enjuiciamiento Civil, las medidas cautelares no serán adoptadas sin previa contradicción, pero se prevé que, en casos justificados, puedan acordarse **sin oír al sujeto pasivo sobre el que recae la medida solicitada, si el solicitante así lo pide y acredita razones de urgencia o la audiencia pudiera comprometer el buen fin dicha medida**. En cuyo caso, se establece una oposición inmediatamente posterior.

Dicha excepción es contemplada en el apartado 2.º del **artículo 733 de la LEC**.

Es interesante al respecto el **auto de la Audiencia Provincial de Barcelona n.º 66/2010, de 22 de abril, ECLI:ES:APB:2010:3214A**, que reza el tenor literal siguiente:

> «(…) se está exigiendo al tribunal un juicio preliminar de urgencia o de peligro de ineficacia de la medida como presupuesto habilitante para adoptarla por esta vía excepcional, juicio que será necesariamente primario o previo al examen de los requisitos generales para la adopción de la medida (el fumus boni iuris y el periculum in mora), debiendo razonarse por separado sobre la concurrencia de los requisitos de la medida cautelar y las razones que han aconsejado acordarla sin oír al demandado».

Oposición a las medidas cautelares adoptadas sin audiencia del demandado

En aquellos supuestos en los que el tribunal haya dictado auto estimado que concurren los requisitos legalmente exigibles para la adopción de las medidas cautelares sin la audiencia del demandando, este podrá **formular oposición en el plazo de veinte días, contados desde la notificación del auto** que acuerda las medidas cautelares.

De acuerdo con lo establecido en la LEC, constituyen **causas de oposición cuantos hechos y razones se opongan a la procedencia, requisitos, alcance, tipo y demás circunstancias de la medida acordada, «sin limitación alguna» (artículo 740 de la LEC)**. Esto es, el legislador contempla como causas de oposición cualesquiera por las que se combata la existencia de los presupuestos que motivaron la adopción de la medida.

En este sentido, es importante indicar que, a la hora de valorar la solicitud de adopción de medidas cautelares u oposición a la adopción de las mismas hay que ser muy cuidadoso pues, en el caso de que se alzaren las medidas cautelares se condenará al actor en costas y al pago de los daños y perjuicios que la adopción de medidas cautelares hayan podido causar, mientras que si se decide mantener las medidas se condena en costas a quien haya formulado la oposición.

CUESTIONES

1. ¿Procede la imposición de costas en los casos en los que la oposición a la adopción de las medidas cautelares es estimada parcialmente?

No. En los casos en los que la oposición fue estimada parcialmente, es decir, que se acuerda el alzamiento de una medida pero se mantienen las demás, lo procedente debe ser, de acuerdo con el principio del vencimiento objetivo y con la naturaleza jurídica de este procedimiento cautelar, que no procederá imposición de costas, en cuanto que solo se encuentra prevista para los supuestos de estimación o desestimación totales de la oposición, así lo argumenta la **Audiencia Provincial de Castellón**, en su auto n.º 393/2002, de 19 de diciembre. ELCI:ES:APCS:2002:633A.

2. ¿Dentro del escrito de oposición, cabe plantear declinatoria?

No. Sin perjuicio de lo que en el pleito principal pudiera alegarse, el art. 740 de la LEC no contempla como causas de oposición la declinatoria. De hecho y tal y como recogen los magistrados de la **Audiencia Provincial de Castellón** en su auto n.º 166/2003, de 9 de junio, ECLI:ES:APCS:2003:197A, su planteamiento en el proceso principal ni siquiera suspenderá las medidas cautelares cuando de su dilación pudieran ocasionarse perjuicios irreparables, de conformidad con lo dispuesto en el artículo 64.2 de la Ley de Enjuiciamiento Civil.

Cabe destacar que, dentro de la oposición se establece la posibilidad de que por el demandando se ofrezca **caución sustitutoria** como sustitución de la medida acordada.

Traslado y celebración de vista

Del escrito de oposición se dará traslado por el letrado de la Administración de Justicia al solicitante, **procediéndose seguidamente conforme a lo previsto en el artículo 734 de la LEC**, por lo que se convocará a las partes a una vista, en la que se practicarán las pruebas propuestas y que resulten admitidas por el Tribunal, a excepción de la relativa al reconocimiento judicial que, si el juzgador la considera relevante y no es posible llevar a cabo su práctica en dicho momento, deberá llevarse a cabo en el plazo de cinco días.

Es necesario poner de relieve que, tal y como preceptúa este artículo, contra las resoluciones del tribunal sobre el desarrollo de la comparecencia, su contenido y la prueba propuesta no cabrá recurso alguno, sin perjuicio de que, previa la oportuna protesta, en su caso, puedan alegarse las infracciones que se hubieran producido en la comparecencia en el recurso contra el auto que resuelva sobre la oposición.

Decisión del tribunal

Celebrada la vista, el tribunal, en el plazo de cinco días, **decidirá en forma de auto sobre la oposición.** Si mantuviere las medidas cautelares acordadas condenará al opositor a las costas de la oposición. Si alzare las medidas cautelares, condenará al actor a las costas y al pago de los daños y perjuicios que éstas hayan producido.

El auto en que se decida sobre la oposición será **apelable sin efecto suspensivo.**

CUESTIÓN

Si el auto que estima la oposición resulta firme por no ser recurrido, ¿existe posibilidad de que el demandado solicite indemnización por los daños y perjuicios que le pudiera haber ocasionado la medida cautelar?

Sí. El artículo 742 de la LEC prevé que, una vez sea firme el auto estimatorio de la oposición, el demandado pueda solicitar por los trámites de los artículos 712 y ss. de la LEC, la determinación de los daños y perjuicios que la medida cautelar, revocada, le haya causado. Una vez determinados, se requerirá de pago al solicitante de la medida, procediéndose de inmediato, si no los pagare, a su exacción forzosa.

Así, la **Audiencia Provincial de Tenerife en su auto n.º 106/2006, de 24 de julio, ECLI:ES:APTF:2006:2097A,** señala: «Por otro lado, el art. 741.2 de la LEC contempla, además, la condena a los daños y perjuicios producidos (como forma de responsabilidad objetiva e independiente de toda valoración de culpa en la conducta del solicitante de la medida); sin embargo y como se ha matizado en la doctrina, a diferencia de lo que ocurre en otros supuestos de alzamiento de la medida, en la oposición existe la posibilidad de que la condena a indemnización sea pretendida por la parte, por lo que no hay razón para excluir el principio dispositivo y sus consecuencias en cuanto a la necesidad de que el opositor formule la correspondiente pretensión y justifique los presupuestos de la misma. En este caso es cierto que en la petición se formuló una petición en este sentido pero en términos hipotéticos y absolutamente genéricos, sin especificar, ni menos aún justificar, algún daño o perjuicio concreto que sea preciso indemnizar o reparar, de manera que ningún pronunciamiento al respecto se debe realizar».

En relación con la exigencia de responsabilidades en los casos en los que se adoptó la medida que era improcedente, así como, la determinación del plazo para el ejercicio de aquellas, la Sala de lo Civil de la **Audiencia Provincial de Barcelona en su auto, n.º 111/2012, de 19 de septiembre. ECLI:ES:APB:2012:7133A,** señala que, «se trata de acción derivada de culpa contractual cuyo plazo de prescripción es de un año, a contar desde la notificación del Auto que revoca las medidas acordadas inicialmente».

5.4. Modificación y alzamiento de medidas cautelares en el proceso civil

Es en el capítulo V, título VI del libro III de la Ley de Enjuiciamiento Civil, donde nuestro ordenamiento jurídico contempla, a consecuencia de la instrumentalidad intrínseca de las medidas cautelares, la modificación y el alzamiento de estas (**artículos 743 a 745 de la LEC**).

Las medidas cautelares podrán ser modificadas **alegando y probando hechos y circunstancias que no pudieron tenerse en cuenta al tiempo de su concesión o dentro del plazo para oponerse a ellas**.

La solicitud de modificación se sustanciará y resolverá conforme a lo previsto en los artículos 734 y siguientes de la LEC por lo que, recibida la solicitud, el letrado de la Administración de Justicia, previa notificación de la solicitud al otro litigante convocará a las partes a una vista en la que estas puedan exponer ante el tribunal lo que a su derecho convenga. Tal y como preceptúa el art. 734 de la LEC, contra las resoluciones del tribunal sobre el desarrollo de la comparecencia, su contenido y la prueba propuesta no cabrá recurso alguno, sin perjuicio de que, previa la oportuna protesta, en su caso, puedan alegarse las infracciones que se hubieran producido en la comparecencia en el recurso contra el auto que resuelva sobre la modificación ejercitada.

Es interesante a traer a colación la **sentencia de la Audiencia Provincial de Granada n.° 249/2004, de 31 de marzo, ECLI:ES:APGR:2004:812**, que reza el tenor literal siguiente:

> «Dispone el artículo 743 de la LEC que las medidas podrán ser modificadas alegando y probando hechos y circunstancias que no pudiesen tenerse en cuenta al tiempo de su concesión o dentro del plazo para oponerse a ellas. La solicitud de modificación será sustanciada y resuelta conforme a lo previsto en los artículos 734 y ss. La LEC invita, pues, a quien pide la modificación de las medidas cautelares, es decir su revisión, incluso el alzamiento de las mismas, a que haga uso del trámite previsto en los artículos 734 y ss. De la LEC. Estos artículos permiten lo que puede llamarse un expediente de revisión de cautelas (que no estaba previsto en la LEC de 1881; sin embargo, no existían razones para que, en su caso, se solicitara la modificación posterior de las medidas). Sin embargo, el recurrente ha planteado en el recurso de apelación la modificación de las medidas adoptadas en la instancia, en concreto, el alzamiento de las mismas, al haberse producido un hecho sobrevenido después de que se dictó el Auto fijando las medidas cautelares correspondientes».

CUESTIÓN

En relación con la modificación de las medidas cautelares, ¿podrán ser estas modificadas solo en base a hechos o circunstancias ya acaecidos en el momento de la decisión, pero que las partes desconocían y no pudieron alegar y que por ello no pudieron tenerse en cuenta al adoptarse o, también comprende a hechos nuevos acaecidos con posterioridad al tiempo de su concesión o al plazo de la oposición, siendo este el motivo por el que no pudieron tenerse en cuenta?

A esta cuestión respondía la **Audiencia Provincial de Málaga** que, planteada en el caso de autos esta cuestión, resuelve en su **auto n.° 106/2003, de 23 de junio, ECLI: ES:APMA:2003:338A**, que, a tenor de la finalidad de la norma, nada impide que la modificación pueda interesarse tanto por hechos anteriores que no pudieron ser tenidos en cuenta como por hechos o circunstancias posteriores.

Alzamiento de las medidas tras la sentencia no firme

Absuelto el demandado en primera o segunda instancia, el letrado de la Administración de Justicia ordenará el **alzamiento de las medidas cautelares adoptadas si el recurrente no solicitase su mantenimiento o la adopción de alguna medida cautelar distinta en el momento de interponer recurso contra la sentencia.** En este caso se dará cuenta al tribunal, que oída la parte contraria y con anterioridad a remitir los autos al órgano competente para resolver el recurso contra la sentencia, resolverá lo procedente sobre la solicitud, atendiendo a la **subsistencia de los presupuestos y circunstancias que justificasen el mantenimiento o la adopción de dichas medidas.**

Si la estimación de la demanda fuere parcial, el tribunal, con audiencia de la parte contraria, decidirá mediante auto sobre el mantenimiento, alzamiento o modificación de las medidas cautelares acordadas.

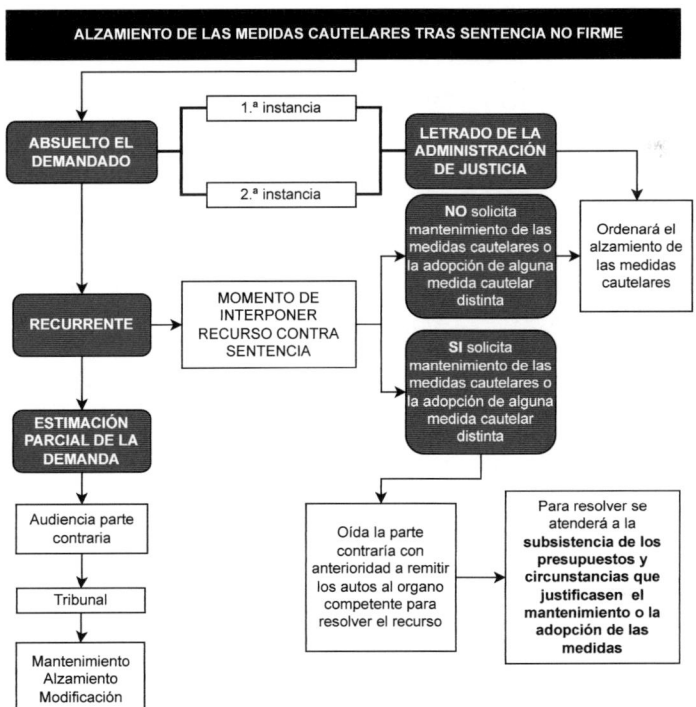

A través del **auto de la Audiencia Provincial de Barcelona n.º 190/2010, de 13 de diciembre, ECLI:ES:APB:6894A** aclara el significado del precitado artículo 744 de la LEC, que, no puede ser otro que el de condicionar la eficacia de las medidas cautelares adoptadas al éxito de la acción que pretenden garantizar. Por esa razón, de la norma deriva que:

– El **levantamiento de la efectividad de la medida es automático**, esto es, se trata de un efecto legal inherente al pronunciamiento desestimatorio de la pretensión que se quería garantizar, aún no firme el mismo. La mención al letrado de la Administración de Justicia como órgano que encargado de levantarla no puede ser entendida más que como una simple manifestación de esa idea de automaticidad y no evita que los efectos de ese alzamiento puedan ser adoptados por un órgano distinto, como la Audiencia al conocer del recurso de apelación.

– La **exigencia de que el demandado haya resultado absuelto ha de ser entendida en el sentido de desestimada la concreta pretensión que con la medida cautelar adoptada se garantizaba, de manera que no exige una íntegra desestimación de la demanda sino exclusivamente de la pretensión tutelada cautelarmente.**

Alzamiento de las medidas tras la sentencia absolutoria firme

De conformidad con lo preceptuado por el **artículo 745 de la LEC**, firme la sentencia absolutoria, sea en el fondo o en la instancia, **se alzarán de oficio por el letrado de la Administración de Justicia todas las medidas cautelares adoptadas** y se procederá, conforme a lo dispuesto en el **artículo 742 de la LEC**, respecto de los daños y perjuicios que hubiere podido sufrir el demandado.

La fijación de los daños y perjuicios causados al demandando habrán de ser fijados a petición de este y por los trámites previstos para la liquidación de daños y perjuicios (artículos 712 y siguientes de la LEC).

Lo mismo se ordenará en los casos de **renuncia a la acción o desistimiento de la instancia**.

Cabe advertir que, ante una sentencia desestimatoria, salvo circunstancias excepcionales que justificasen el mantenimiento de la medida cautelar, debe producirse el alzamiento de las medidas cautelares al debilitarse, a consecuencia de la existencia de esa sentencia absolutoria, uno de los requisitos esenciales de las medidas cautelares como es el *fumus boni iuris* o apariencia de buen derecho (**auto de la Audiencia Provincial de Barcelona n.º 125/2012, de 24 de noviembre. ECLI:ES:APB:2012:7319A**).

> **RESOLUCIONES RELEVANTES**
>
> **Auto de la Audiencia Provincial de Álava n.º 13/2006, de 14 de febrero, ECLI:APVI:2006:71A**
>
> *«Todos los argumentos recogidos en la alegación cuarta del recurso pueden contestarse de una única manera: la responsabilidad en que ha incurrido Gesai, S.A. es*

objetiva. Huelgan alegaciones sobre la prudencia de su actuar, la demora de la respuesta judicial o la no prestación de caución sustitutoria por la entonces demandada; nos hallamos en el supuesto del artículo 745 de la Ley de Enjuiciamiento Civil (firmeza de la sentencia absolutoria), que remite al artículo 742, que a su vez guarda relación con el artículo 741 (previsor de una condena automática al pago de daños y perjuicios) y con el artículo 712 (que parte de la existencia de los daños y perjuicios, pendientes de acreditar su cuantía). No hay discrepancia en la doctrina sobre el carácter objetivo de la responsabilidad que analizamos en el caso que nos ocupa, ni el hecho de que la medida cautelar fuera adoptada bajo la vigencia de la Ley anterior contradice esta conclusión, pues el derogado artículo 1428-2 no dispone sobre la caución del solicitante cosa distinta del vigente artículo 728-3, y ambos deben ponerse en relación con el citado artículo 745. El fundamento de la responsabilidad del solicitante se halla en la ilicitud civil de la medida acordada, y por ello la consecuencia de tal acto, que se adopta bajo su responsabilidad (art. 1428-1 L.E.C. de 1881 y art. 721-1 L.E.C. de 2000), no es otra que la obligación de satisfacer los daños y perjuicios causados. En la tutela cautelar, el examen de sus presupuestos se realiza de manera provisional y condicionada, basada en una apariencia de derecho, y por tanto, con un margen de error que debe ser asumido por el instante. Como razonaba la Sentencia de la Sección 15ª de la Audiencia Provincial de Barcelona, de 30 de abril de 1991, en criterio de aplicación intertemporal, "debe entenderse concurrente la culpa o negligencia, con presunción que es prácticamente de iure, cuando el demandante instó y logró la adopción de una medida de contenido anticipador de una ejecución a la que, según luego se ha visto, no tenía derecho por no ser estimables las pretensiones contenidas en la demanda, solución que acepta la Sala por ser la más justa, ya que es conforme al principio "eius commoda, eius incommoda", que restablezca al perjudicado en su integridad patrimonial quien en su propio beneficio obtuvo la toma de una cautela que en definitiva ha resultado ser injustificada."».

Auto Audiencia Provincial de Teruel n.° 74/2004, de 27 de abril, ECLI:ES:APTE:2004:22A

«No pone en duda esta Sala el cuidado con que el administrador judicial ha realizado su función, ni que deba serle pedida una diligencia mayor. Ahora bien, sí considera que este hecho no es suficiente para desestimar la pretensión de Dª Lourdes, pues lo verdaderamente debatido no es la actuación del interventor sino los perjuicios que haya podido causarle la intervención acordada a petición de la otra parte al formular el recurso de casación. Dos cosas son innegables: a) la innecesariedad de la adopción de dicha medida, que era sólo una garantía adicional acordada en beneficio de la parte cuya pretensión reivindicatoria de los beneficios o plusvalías obtenidos por la explotación de la farmacia había sido desestimada y b) la pérdida de valor adquisitivo del capital intervenido a pesar de que la administración judicial no haya sido improductiva: es un hecho que el dinero que se obligó a consignar a consecuencia de la petición del Sr. Serafin se ha depreciado más que la rentabilidad obtenida (intereses bancarios) con el mismo. Por ello, y sobre la base de la relación de causalidad existente entre el perjuicio ocasionado, consistente en la pérdida de valor de la cantidad consignada, y la cautela adoptada, debe ser acogida la pretensión de la Sra. Lourdes, y, atendiendo a las variaciones experimentadas por el Índice General de Precios al Consumo durante el tiempo de la medida cautelar, concretar dicho perjuicio en la suma de 22.405,53 euros, cantidad solicitada por la actora respecto a la que no ha hecho alegación alguna el Sr. Serafin, quien se ha limitado, en su contestación al incidente y en su escrito de oposición al recurso contrario, a negar totalmente dicha deuda sin impugnar concretamente la suma solicitada como alternativa para el supuesto de que el Juzgado o la Audiencia considerara la existencia del perjuicio alegado, como así ha resultado».

6.
LA CAUCIÓN SUSTITUTORIA DE LAS MEDIDAS CAUTELARES

El ordenamiento jurídico, de conformidad con lo dispuesto en los **artículos 746 y 747 de la Ley de Enjuiciamiento Civil**, prevé la posibilidad de que el demandando contra el que se hubiese solicitado o impuesto una medida cautelar solicite al tribunal que acepte, en sustitución de tal medida, la prestación por su parte de una caución. Caución que, a juicio del tribunal, deberá ser suficiente para asegurar el efectivo cumplimiento de la sentencia que en su día se dictare.

Así, en los supuestos comprendidos en los citados **artículos 746 y siguientes de la LEC** todavía no ha concluido el proceso cautelar, porque persiste una cautela o caución a favor del solicitante, por ejemplo, la sustitutoria prestada por el demandado para que se alce el embargo preventivo o cualquier otra medida cautelar que se hubiera acordado, y existe también una caución prestada por el solicitante de la medida cautelar para el caso de que esta se alce y proceda indemnizar los daños y perjuicios causados al demandado (**sentencia del Tribunal Supremo n.º 410/2016, de 15 de junio, ECLI:ES:TS:2016:2889**).

Es en el **apartado 2.º del artículo 746 de la LEC** donde se recogen los **criterios que deben ser tenidos en cuenta por el tribunal para decidir sobre la petición de la caución sustitutoria.**

Así pues, el tribunal **examinará el fundamento de la solicitud de medidas cautelares, la naturaleza y contenido de la pretensión de condena y la apariencia jurídica favorable que pueda presentar la posición del demandado.** También tendrá en cuenta el tribunal si la medida cautelar habría de **restringir o dificultar la actividad patrimonial o económica del demandado de modo grave o desproporcionado**, respecto del aseguramiento que aquella medida representaría para el solicitante.

En cuanto a la **proporcionalidad** antedicha, debe tenerse en cuenta que deben analizarse dos elementos. Uno es el valor de aseguramiento que la medida cautelar conlleva para el solicitante de la cautela, sin que en ningún caso implique la desaparición de la garantía que se pretende con la medida originaria, y el otro elemento es la restricción que la misma supone a la actividad patrimonial o económica del demandado, de manera que esta debe significar la una injerencia lo menos grave y desproporcionada posible.

Es decir, el precitado **artículo 746 de la LEC**, atiende a los efectos colaterales de la medida sobre las actividades patrimoniales y económicas del demandado y busca evitar daños desproporcionados al fin de la tutela cautelar. Por ejemplo, cuando entre dichas consecuencias perjudiciales se encuentren supuestos que de forma innecesariamente grave queden afectados derechos laborales de terceros o aquellos que mediante una orden de cesación pudieran provocar una crisis económica desproporcionada en relación con los efectos cautelares pretendidos (**auto de la Audiencia Provincial de Madrid n.° 1/2005, de 9 de septiembre, ECLI:ES:APM:2005:7510A**).

Del procedimiento para la solicitud de caución sustitutoria

En primer lugar, cabe advertir que la caución sustitutoria exige petición de parte, no siendo posible que el tribunal, de oficio, acuerde la sustitución.

La sustitución por caución puede solicitarse antes de que se hubiere adoptado la cautela **en la vista para la audiencia de las partes prevista en el artículo 734 de la LEC** o tras su adopción, en cuyo caso podrá el demandado presentar la solicitud **en el trámite de oposición (art. 739 de la LEC) o, mediante escrito motivado**. La petición de caución sustitutoria debe de ser acompañada de los documentos que se estimen convenientes sobre su solvencia, las consecuencias de su adopción y la valoración del peligro de mora procesal.

> **A TENER EN CUENTA.** La caución sustitutoria **debe estar en inmediata relación con la ofrecida por el demandante**. Esta apreciación ha sido acogida en numerosas ocasiones por los distintos órganos jurisdiccionales de nuestro país, justificando dicho requisito en virtud de la remisión que se efectúa en el **artículo 747.1 de la LEC al artículo 734** del mismo texto legal, (**AAP de Cádiz n.° 19/2004, de 2 de junio, ECLI:ES:APCA:2004:471A, AAP de Vizcaya n.° 53/2019, de 8 de mayo, ECLI:ES:APBI:2019:851A**, entre otras).

Si la solicitud de la caución sustitutoria es presentada mediante escrito, ya sea a través del trámite de oposición o mediante escrito motivado, previo traslado de este al demandante, el letrado de la Administración de Justicia se convocará a las partes a una vista (que seguirá las reglas previstas en el art. 734 de la LEC), resolviéndose mediante auto, en el plazo de cinco días, que es irrecurrible.

Contra el auto que resuelva aceptar o rechazar caución sustitutoria no cabrá recurso alguno.

> **CUESTIÓN**
>
> Toda vez que, de conformidad con el artículo 747.1 de la LEC, la procedencia o no de la caución sustitutoria se puede determinar tanto en el auto que resuelve sobre la medida con audiencia del demandando, como en el auto que resuelve el trámite de oposición a la medida o en auto independiente, ¿la previsión establecida en el art. 747.2 de la LEC respecto a la irrecurribilidad del auto, es aplicable de forma general a todos los pronunciamientos sobre la caución sustitutoria o solo al auto que resuelve sobre la misma tramitada de forma independiente?
>
> Esta cuestión es respondida por la Audiencia Provincial de Pontevedra que mediante auto n.° 6/2018, de 18 de enero, ECLI:ES:APPO:2018:129A, en que hace

referencia a la inclinación mantenida por la doctrina y la jurisprudencia hacia la posibilidad de que si la decisión respecto de la caución sustitutoria es resuelta mediante autos en los que cabe recurso, **es posible recurrir, junto con el resto del contenido del auto, los pronunciamientos relativos a la caución sustitutoria.**

De las formas de ofrecer caución sustitutoria

La caución sustitutoria de medida cautelar podrá otorgarse en cualquiera de las formas previstas en el párrafo segundo del **apartado 3 del artículo 529 de la Ley de Enjuiciamiento Civil:**

– Dinero en efectivo.

– Aval solidario de duración indefinida y pagadero a primer requerimiento emitido por entidad de crédito o sociedad de garantía recíproca.

– Cualquier otro medio que el tribunal la inmediata disponibilidad, en su caso, de la cantidad de que se trate.

CUESTIÓN

Presentado aval como caución sustitutoria, pero sin duración indefinida y sin ser pagadero a primer requerimiento, ¿es válido dicho aval para prestar caución sustitutoria?

No sería válido pues no cumple los requisitos establecidos en el artículo 529.3 de la LEC, si bien, y de acuerdo con la jurisprudencia del Tribunal Constitucional (**STC n.° 79/2001, de 26 de marzo, ECLI:ES:TC:2001:79**), es posible la subsanación del defecto procesal cometido por una de las partes cuando, atendida la ratio de su exigencia procesal, en este caso la presentación de aval, éste pueda aún ser reparado sin menoscabo de la regularidad del procedimiento y sin daño de la posición de la parte adversa, y siempre que no se aprecie una posición negligente o contumaz en el recurrente. Esta cuestión es respondida por la **Audiencia Provincial de Barcelona** mediante auto n.° 284/2007, de 3 de diciembre, ECLI:ES:APB:2007:7932A.

ANEXO I.
CASOS PRÁCTICOS

Caso práctico | ¿Puede reivindicar su propiedad quien inscribe su derecho después de la anotación preventiva de embargo?

PLANTEAMIENTO

Elisa ha adquirido un almacén por medio de subasta derivada de un proceso de ejecución frente a Manuel. Patricia interpone recurso en el procedimiento de ejecución impugnando el decreto de adjudicación, alegando que ella es la propietaria del almacén ya que lo había adquirido en el año 2012. Dicho recurso es desestimado y Patricia presenta demanda frente a la parte ejecutante, ejecutado y adjudicataria en la que solicita la declaración de nulidad de la aprobación del remate y de la adjudicación de la finca, junto con la declaración de su derecho de propiedad sobre la misma.

Patricia había adquirido el almacén en febrero de 2012 y no inscribió su derecho hasta septiembre de 2018, momento en el que existe anotación preventiva de embargo de abril de 2018.

Teniendo en cuenta que cuando se hizo inscripción preventiva de embargo, Patricia no tenía inscrito su derecho de propiedad, ¿debemos entender que la adquisición de Elisa es inatacable?

RESPUESTA

La adquisición de Elisa **no resulta inatacable** ya que la virtualidad de la anotación preventiva es impedir el juego de la fe pública registral para quien adquiera después del embargo, pero en el caso que se nos presenta la adquisición fue anterior. En este sentido se ha pronunciado el Tribunal Supremo en la **sentencia n.º 208/2020, de 29 de mayo, ECLI:ES:TS:2020:1459**, en una situación similar ha señalado que el **verdadero titular puede ejercitar la acción reivindicatoria contra el adjudicatario que no haya llegado a adquirir de modo irreivindicable** con arreglo al Derecho sustantivo, y ello en virtud de lo dispuesto en el art. 594 de la LEC. Precisa el Alto Tribunal que el **anotante de embargo** sobre un bien que no es propiedad del deudor embargado **no es un tercero hipotecario** que quede protegido por el Registro de la Propiedad.

En la mentada sentencia el Tribunal Supremo razona:

> «En el caso que nos ocupa, la verdadera propietaria no adquiere después de la anotación, sino antes, aunque inscriba después. Si hubiera estado inscrita, de modo más expeditivo hubiera podido pedir el levantamiento del embargo por medio de la tercería registral (art. 593 LEC). Al no estarlo, de haber tenido conocimiento de la ejecución con anterioridad, hubiera podido interponer una tercería de dominio hasta la transmisión por la subasta (art. 596 LEC), pero no haberlo hecho **no le priva del ejercicio de las acciones que en defensa de su derecho de propiedad derivan del art. 594 LEC**. Este precepto, como hemos visto, deja a salvo del "verdadero titular (que) no hiciese valer sus derechos por medio de la tercería de dominio" la acción reivindicatoria contra el adjudicatario que no haya llegado a adquirir de modo irreivindicable con arreglo al Derecho sustantivo.

Que el anotante de embargo sobre un bien que no es propiedad del deudor embargado no es un tercero hipotecario que quede protegido por el Registro de la Propiedad, además de ser conforme con la actual regulación procesal, había sido ya reiterado con anterioridad por la jurisprudencia de la sala. Como sintetiza la sentencia 810/2005, de 4 de noviembre:

"La doctrina de esta sala es unánime en el sentido de que **la anotación de embargo no puede oponerse al que con anterioridad ha adquirido el objeto de la traba, aunque no haya inscrito su derecho**, ya que la traba no puede recaer sobre bienes que no estén en el patrimonio del deudor, ni el acreedor embargante goza de la protección del art. 34 de la Ley Hipotecaria (sentencias de 14 de diciembre de 1968, 12 de junio de 1970, 31 de enero de 1978, 19 de noviembre de 1992, 10 de mayo de 1994 y 14 de junio de 1996, entre otras, algunas de ellas invocadas por la actora en la primera instancia).

"(...) [S]egún la doctrina jurisprudencial expresada, la anotación preventiva de embargo produce una afección de los terceros adquirentes o titulares de derechos reales sobre el bien embargado, cuando sus títulos tengan fecha posterior a la anotación y que la inmunidad que se predica se refiere únicamente a los títulos de fecha anterior, aunque se inscriban con posterioridad a la anotación"».

Caso práctico | ¿Cuál es el órgano competente para conocer las medidas cautelares solicitadas durante la tramitación del exequatur de un laudo?

PLANTEAMIENTO

Tras obtener un laudo arbitral favorable en el extranjero, una parte ha solicitado su reconocimiento en España mediante un proceso de *exequatur*, y quiere solicitar medidas cautelares para garantizar su efectivo cumplimiento. ¿Cuál será el órgano judicial competente para conocer de dichas medidas cautelares? ¿El TSJ que esté conociendo del procedimiento de *exequatur* o el juzgado de primera instancia que deberá ejecutar el laudo?

RESPUESTA

La competencia correspondería al juzgado de primera instancia al que le correspondería la posterior ejecución del laudo, ya que, en lo relacionado con el arbitraje, los tribunales superiores de justicia solamente conocen del nombramiento y remoción judicial de árbitros, de la acción de anulación del laudo y del reconocimiento de laudos o resoluciones arbitrales extranjeros.

Si bien la competencia para conocer de las medidas cautelares viene asociada habitualmente al órgano que está conociendo del proceso principal, existen excepciones, y una de ellas sería precisamente la tutela cautelar en procedimientos arbitrales extranjeros.

En este sentido se ha pronunciado el **auto del Tribunal Superior de Justicia de la Comunidad Valenciana, rec. 19/2021, de 5 de agosto, ECLI:ES:TSJCV:2021:163A:**

> «Ciertamente, la determinación de la competencia funcional para conocer de las medidas cautelares viene asociada, como regla general, al órgano que está conociendo del proceso principal. El artículo 723 de la LEC es buena muestra de ello. Sin embargo, existen excepciones y lo dispuesto en el precepto anterior, justamente al hilo de la admisibilidad de peticiones de tutela cautelar en procedimientos arbitrales y litigios extranjeros, y siguiente, en casos especiales y entre ellos la formalización judicial del arbitraje, serviría de ejemplo. Tanto que en este último supuesto el artículo 724 de la LEC determina que, estando pendiente ante esta Sala un proceso para el nombramiento de árbitros, el órgano competente para resolver las medidas cautelares que se soliciten será tribunal competente el del lugar donde el laudo deba ser ejecutado y éste, de conformidad con el artículo 8.3 y 4 de la LA, es el Juzgado de Primera Instancia. (...) Y ello no porque exista una disposición que expresamente determine el órgano competente en estos supuestos -ni el artículo 8 de la LA ni los artículos 722 a 724 de la LEC contemplan el caso sometido a consideración-, sino porque **la interpretación sistemática conduce a colmar esta laguna normativa en el sentido de otorgar competencia al Juzgado de Primera Instancia y no a los Tribunales Superiores de Justicia** cuyas atribuciones se limitan al nombramiento y remoción judicial de árbitros, al conocimiento de la

acción de anulación del laudo y al reconocimiento de laudos o resoluciones arbitrales extranjeros (art. 8 LA). En este sentido informó el Ministerio fiscal y han venido pronunciándose los Tribunales Superiores de Justicia, por todos AATSJ de Cataluña, de 30 de julio de 2014, y de la Comunidad Valenciana, de 19 de julio de 2019, señalándose en el primero de ellos -y hacemos nuestros sus razonamientos- que el desenlace expuesto vendría dado: "a) Por el **carácter y la naturaleza de las funciones encomendadas a las Salas de lo Civil de los Tribunales Superiores,** que, en general podría definirse como órgano de última instancia quedando fuera de sus funciones ordinarias la de dictar resoluciones de carácter urgente que requieren una estructura y funcionamiento distinto como por ejemplo un servicio de guardia permanente. b) Porque **se sitúa la competencia en quien finalmente se encargará de la ejecución de la decisión extranjera,** lo que ha de redundar en una mayor eficacia y en una mayor economía procesal. c) Por cuanto **se abren al solicitante los medios de recurso contra la resolución que decida sobre las medidas pretendidas** lo cual supone adoptar una interpretación de la legalidad favorable a la mayor efectividad de la tutela judicial y, en particular, al derecho a acceder al sistema de recursos legalmente establecido, por lo que, en consecuencia, resulta más adecuada en términos de garantías constitucionales. d) En aras a evitar la adopción de una solución diferente a la que corresponde en los casos en que se encuentra pendiente un proceso en el extranjero, o, que, habiendo recaído sentencia en éste, no se ha instado aun el reconocimiento en España de sus efectos, tratándose de supuestos que presentan una notoria similitud con la solicitud de medidas en el procedimiento de exequátur. No obsta a lo anterior -aunque sin duda es su principal inconveniente- la disociación entre el órgano decisor del exequátur y el que ha de adoptar las medidas cautelares, que deberá efectuar un juicio de valor sobre la apariencia de buen derecho que lógicamente habrá de proyectarse sobre la procedencia de la homologación, pues el mismo inconveniente se advierte también en otros supuestos, como por ejemplo la decisión sobre la adopción de las medidas cuando son pedidas a la jurisdicción siendo competente para resolver del fondo el árbitro, ex artículo 11,3 y 23 de la ley de Arbitraje de 2003, o el supuesto contemplado en el art. 724 in fine. La propia modificación legislativa introducida por la ley 11/2011 no altera la competencia objetiva en cuanto a las medidas cautelares tal y como se infiere del contenido del artículo 8 en su nueva redacción y de su Exposición de motivos en la que claramente se especifica que la elevación de determinadas funciones a los Tribunales Superiores se realiza en aras a dar una mayor uniformidad al sistema, manteniendo no obstante aquellas otras, donde no cabe apreciar tales razones, en los Juzgados unipersonales. Tampoco es óbice a lo expuesto, el contenido del párrafo 2º del artículo 725 de la LEC 1/200 toda vez que el mismo se refiere, como es lógico, a la competencia territorial, de ordinario disponible (si el tribunal se considerara territorialmente incompetente...) pero no opera cuando la abstención viene fundada en la falta de competencia objetiva". Ello hace que, **en procedimientos de exequatur de laudos arbitrales competencia de las Salas de lo Civil y Penal -como Salas de los Civil- de los Tribunales Superiores de Justicia, la competencia para la adopción de las medidas cautelares instrumentales del fallo condenatorio y dirigidas a asegurar su ejecución corresponde los Juzgados de Primera Instancia a quien se atribuye el conocimiento, caso de estimarse la solicitud de reconocimiento, del proceso de ejecución ulterior**».

Caso práctico | Derecho a indemnización por daños y perjuicios derivados de medidas cautelares en procedimientos civiles

PLANTEAMIENTO

«A» interpuso demanda frente a «B» en ejercicio de acción sobre indemnización por daños y perjuicios que se cuantificaron en una cifra aproximada de 4 millones de euros. Estos eran derivados de la adopción de medidas cautelares interesadas por la demandada en procedimientos civiles seguidos entre ambas partes, no produciéndose condena por ellos. En concreto, se solicitaban las medidas cautelares de anotación preventiva de la demanda y la prohibición de disponer de dos fincas.

¿Tiene derecho «A» a dicha indemnización?

RESPUESTA

Sí, ya que a tenor de lo dispuesto por el Tribunal Supremo en la **sentencia n.º 584/2015, de 29 de octubre, ECLI:ES:TS:2015:4441**, «la naturaleza de la acción de que se trata y en este sentido ha de afirmarse que el hecho de venir amparada en el artículo 1902 del Código Civil no ha de variar la propia consideración que el legislador ha hecho sobre el ejercicio de tal derecho a ser indemnizado por los daños y perjuicios que hubiera podido causar la adopción de medidas cautelares, que pudieran calificarse de injustificadas según el resultado del proceso»

Es interesante destacar en este punto el **artículo 745 de la Ley de Enjuiciamiento Civil**, por el que se establece que «firme una sentencia absolutoria, sea en el fondo o en la instancia, se alzarán de oficio por el letrado de la Administración de Justicia todas las medidas cautelares adoptadas y se procederá conforme a lo dispuesto en el artículo 742 respecto de los daños y perjuicios que hubiere podido sufrir el demandado». Considera el Alto Tribunal que este precepto pone de manifiesto que no se entienden producidos dichos daños y perjuicios «ex re ipsa», por considerar que se refiere a unos daños hipotéticos que han de alagarse y justificarse.

Por otro lado, también estima que, si se acredita la existencia de tales daños y perjuicios, quien instó la medida no puede alegar inexistencia de mala fe por su parte para eximirse de asumir la obligación indemnizatoria, ya que, además del deber de satisfacer las costas cuando es condenado, con independencia de la buena o mala fe en su acción procesal, ha de asumir también el riesgo que deriva de su petición de las medidas cautelares.

Por su parte, el **artículo 713 de la LEC** establece lo siguiente:

> «1. Junto con el escrito en que solicite motivadamente su determinación judicial, el que haya sufrido los daños y perjuicios presentará una relación detallada de ellos, con su valoración, pudiendo acompañar los dictámenes y documentos que considere oportunos.
>
> 2. Del escrito y de la relación de daños y perjuicios y demás documentos se dará traslado por el Letrado de la Administración de Justicia a quien hubiere de abonar los daños y perjuicios, para que, en el plazo de diez días, conteste lo que estime conveniente».

En este caso en concreto, la parte demandante ya no había cumplido con la exigencia de la justificación concreta de los daños y perjuicios que se reconoce en el precepto anteriormente citado, lo que imposibilita el aceptar su determinación unilateral de calcularlos a través de la aplicación del interés legal al valor de tasación de dichas fincas afectadas. Así, la imputación directa al solicitante de la medida de las consecuencias perjudiciales para la contraparte, aunque no necesite una acreditación de culpa por su parte, precisa una justificación de la realidad de dichos daños y perjuicios que sea adecuada.

Caso práctico | Alzamiento del embargo de una cuenta bancaria

PLANTEAMIENTO

La empresa mercantil «X» presentó ante la Audiencia Nacional una demanda de tercería de dominio en la que solicitaba el alzamiento del embargo sobre una cuenta bancaria de su titularidad por considerarlo improcedente. La Audiencia Nacional desestima la demanda al estimar que no se había acreditado suficientemente el derecho de propiedad sobre la cuenta bancaria embargada. Ante esto, «X» interpone recurso de casación ante el Tribunal Supremo razonando que el embargo era improcedente y que se había producido una vulneración de su derecho de propiedad.

¿Es procedente el alzamiento del embargo sobre la cuenta bancaria de la empresa «X»?

RESPUESTA

No, y para desarrollar esta respuesta es interesante traer a colación la **sentencia del Tribunal Supremo n.º 13/2023, de 19 de enero, ECLI:ES:TS:2023:127**, en la que el Alto Tribunal consideró improcedente el alzamiento del embargo de una cuenta bancaria.

> **A TENER EN CUENTA.** Es interesante, en primer lugar, mencionar que el Supremo en su **sentencia n.º 896/2022, de 14 de noviembre, ECLI:ES:TS:2022:4114**, definió la **tercería de dominio** como «el procedimiento judicial al que puede acudir un sujeto que se ha visto perjudicado por el embargo trabado sobre un bien de su propiedad. Por lo tanto, la finalidad es instar el alzamiento del embargo y de la desafectación del bien de la traba dispuesta por el Juzgado».

Pues bien, en la citada STS n.º 13/2023, el Tribunal Supremo ratificó la decisión tomada por la Audiencia Nacional, puesto que consideraba que dicha desestimación de la demanda de tercería de dominio estaba justificada porque no se había aportado pruebas suficientes que acreditasen su derecho de propiedad sobre la cuenta bancaria que había sido embargada. Ha de recordarse que el artículo 595 de la Ley de Enjuiciamiento Civil en su apartado 3 reconoce la obligación de aportarse un principio de prueba por escrito que contenga el fundamento de la pretensión del tercerista. Esto supone que la carga de la prueba recae sobre el tercerista, que es quien debe demostrar su derecho de propiedad sobre el bien que ha sido embargado.

Caso práctico | Preferencia de cobro. Crédito del tercerista vs. Embargo preventivo

PLANTEAMIENTO

«A» presentó una demanda de tercería de mejor derecho frente a la sociedad «B» y su administración concursal, en la que solicitaba que se declarase su mejor derecho a cobrar el crédito que ostentaba contra el propietario, además de la realización de los inmuebles descritos en la demanda. Han de señalarse los siguientes hechos relevantes:

- El crédito del tercerista («A») se reconoce por sentencia de octubre de 2013, que devino firme el 26 de febrero de 2014.
- La administración concursal practica anotación de embargo preventivo el 4 de marzo de 2014.

¿Qué crédito tiene preferencia de cobro?, ¿el crédito del tercerista o el crédito garantizado por el embargo preventivo?

RESPUESTA

Tiene preferencia de cobro el **crédito del tercerista** («A») sobre el garantizado por el embargo preventivo. Para dar una respuesta más amplia a esta cuestión es interesante citar la **sentencia de Tribunal Supremo n.º 172/2019, de 21 de marzo, ECLI:ES:TS:2019:904**. En ella el Alto Tribunal se ampara en la jurisprudencia consolidada que determina que «la anotación preventiva no atribuye por sí sola, rango preferente de crédito objeto de anotación respecto de los créditos o negocios obligacionales preferentes». Asimismo, incide en la importancia de la temporalidad en la preferencia de cobro de créditos, destacando que la fecha de reconocimiento del crédito es determinante para precisar su prioridad en el cobro.

De la misma forma, dicha sentencia establece que «dicha anotación preventiva no da al acreedor que la obtiene preferencia de cobro respecto de los créditos anteriores y solo opera respecto de los créditos contraídos con posterioridad a la citada anotación preventiva de embargo». En esta línea, el Tribunal Supremo recalca la relevancia de una sentencia firme que garantice la preferencia de cobro de un crédito. En este supuesto, el crédito de «A» fue reconocido por una sentencia firme, por lo que, a tenor de lo dispuesto por el TS «la parte que ostenta a su favor una sentencia firme, como expresamente exige el art. 1924.3º B CC, es el tercerista, cuyo crédito fue confirmado por la Audiencia Provincial en sentencia de 6 de febrero de 2014, que devino firme al no haberse impugnado», tiene preferencia.

> **A TENER EN CUENTA.** El artículo 1924.3 B) del CC establece que: «con relación a los demás bienes muebles e inmuebles del deudor, gozan de preferencia: (...) 3.º Los créditos que sin privilegio especial consten: B) Por sentencia firme, si hubiesen sido objeto de litigio».

Caso práctico | ¿El precinto policial de un vehículo es una medida cautelar de acuerdo con el art. 727 de la LEC?

PLANTEAMIENTO

«A» solicitó la adopción de medidas cautelares contra «B» consistentes en el precinto de un vehículo de alta gama que está en posesión de «B» fundamentando tal medida en que la apariencia de buen derecho es el contrato celebrado entre las partes y que el vehículo está a su nombre en la DGT. «A» entiende que el *periculum in mora* resulta evidente por la pérdida del valor del vehículo por su uso. Se ofrecen 250 euros de caución.

¿Tendrá éxito la pretensión de «A»?

RESPUESTA

Cabe advertir en primer lugar que las medidas cautelares deben quedar circunscritas a lo que se determina en el **artículo 727 de la LEC**:

«1.ª El embargo preventivo de bienes, para asegurar la ejecución de sentencias de condena a la entrega de cantidades de dinero o de frutos, rentas y cosas fungibles computables a metálico por aplicación de precios ciertos.

Fuera de los casos del párrafo anterior, también será procedente el embargo preventivo si resultare medida idónea y no sustituible por otra de igual o superior eficacia y menor onerosidad para el demandado.

2.ª La intervención o la administración judiciales de bienes productivos, cuando se pretenda sentencia de condena a entregarlos a título de dueño, usufructuario o cualquier otro que comporte interés legítimo en mantener o mejorar la productividad o cuando la garantía de ésta sea de primordial interés para la efectividad de la condena que pudiere recaer.

3.ª El depósito de cosa mueble, cuando la demanda pretenda la condena a entregarla y se encuentre en posesión del demandado.

4.ª La formación de inventarios de bienes, en las condiciones que el tribunal disponga.

5.ª La anotación preventiva de demanda, cuando ésta se refiera a bienes o derechos susceptibles de inscripción en Registros públicos.

6.ª Otras anotaciones registrales, en casos en que la publicidad registral sea útil para el buen fin de la ejecución.

7.ª La orden judicial de cesar provisionalmente en una actividad; la de abstenerse temporalmente de llevar a cabo una conducta; o la prohibición temporal de interrumpir o de cesar en la realización de una prestación que viniera llevándose a cabo.

8.ª La intervención y depósito de ingresos obtenidos mediante una actividad que se considere ilícita y cuya prohibición o cesación se pretenda en la demanda, así como la consignación o depósito de las cantidades que se reclamen en concepto de remuneración de la propiedad intelectual.

9.ª El depósito temporal de ejemplares de las obras u objetos que se reputen producidos con infracción de las normas sobre propiedad intelectual e industrial, así como el depósito del material empleado para su producción.

10.ª La suspensión de acuerdos sociales impugnados, cuando el demandante o demandantes representen, al menos, el 1 o el 5 por 100 del capital social, según que la sociedad demandada hubiere o no emitido valores que, en el momento de la impugnación, estuvieren admitidos a negociación en mercado secundario oficial.

11.ª Aquellas otras medidas que, para la protección de ciertos derechos, prevean expresamente las leyes, o que se estimen necesarias para asegurar la efectividad de la tutela judicial que pudiere otorgarse en la sentencia estimatoria que recayere en el juicio».

Por lo que, podemos observar que la medida solicitada por «A» de precinto policial del vehículo no se encuentra recogida en lo establecido por este artículo, pues dicha medida como tal no existe.

Así, podemos apreciar que la pretensión de «A» posiblemente no tenga éxito, pues ni siquiera en el apdo. 11 del art. 727 de la LEC tiene cabida tal solicitud.

Pero **¿qué otra opción pudo adoptar «A» para garantizar sus derecho?** Pudo solicitar la medida que se prevé en el apdo. 3 del artículo 727 de la LEC que contempla el depósito de bienes muebles.

A TENER EN CUENTA. Para la resolución de este caso práctico nos hemos basado en el **auto de la Audiencia Provincial de Valencia n.º 142/2023, de 19 de junio, ECLI:ES:APV:2023:871A.**

ANEXO II.
FORMULARIOS

Escrito solicitando medidas cautelares previas. Depósito de cosa mueble

AL JUZGADO DE PRIMERA INSTANCIA DE [LOCALIDAD]

D./D.ª [NOMBRE PROCURADOR CLIENTE], procurador/a de los Tribunales y de D./D.ª [NOMBRE CLIENTE] en virtud de poder (*apud acta*/notarial) a mi favor conferido, copia que del mismo se acompaña como **doc. núm.** [NÚMERO], bajo la dirección letrada de D./D.ª [NOMBRE ABOGADO CLIENTE], colegiado/a núm. [NÚMERO] por el ICA de [LOCALIDAD], ante el juzgado comparezco y, como mejor proceda en Derecho,

DIGO:

Que por medio del presente escrito interesamos **SOLICITUD DE MEDIDAS CAUTELARES PREVIAS A LA DEMANDA** consistiendo las mismas en **DEPÓSITO DE COSA MUEBLE** y ello contra D./D.ª [NOMBRE PARTE CONTRARIA], mayor de edad, con DNI [NÚMERO] y domicilio en [DOMICILIO PARTE CONTRARIA]

Todo ello con relación a los siguientes

HECHOS

PRIMERO.- Mi mandante y la adversa, con fecha [FECHA] celebraron contrato de compraventa cuyo objeto radicaba en el siguiente bien mueble:

– [DESCRIPCIÓN]

Se acompaña copia del contrato de compraventa como **doc. núm.** [NÚMERO].

SEGUNDO.- En el meritado contrato de compraventa, ambas partes pactaron que el bien mueble objeto del mismo sería entregado a mi mandante con fecha [DÍA] de [MES] de [AÑO].

No obstante, transcurridos [NÚMERO] meses, el solicitado sigue en posesión del bien objeto del contrato celebrado por las partes sin perjuicio de los numerosos intentos por parte de mi poderdante obtener resultado satisfactorio.

Se adjunta como **doc. núm.** [NÚMERO], burofax con contenido certificado.

TERCERO.- Es intención de esta parte, toda vez que por la misma se ha producido el pago íntegro del bien cuya compraventa se contrató, proceder a la presentación de la pertinente demanda, dentro del plazo de veinte días otorgado por el art. 730.2 de la Ley de Enjuiciamiento Civil, a los efectos de que se obligue a la adversa al cumplimiento del contrato, esto es, con la entrega del bien adquirido, por lo que interesamos en la presente, que se proceda a obligar a la adversa a depositar el objeto del contrato, bien en el despacho de este letrado actuante, el cual no observa problema en ser depositario del mismo, bien en las propias dependencias judiciales, interesando, en este caso, se proceda a su guarda en la caja fuerte del mismo.

Se adjunta, como **doc. núm.** [NÚMERO], certificados de los ingresos realizados por esta parte en la cuenta de la adversa por el importe total del precio convenido en la compraventa.

CUARTO.- Ni que decir tiene, que en atención a las características del objeto comprado, su pérdida o deterioro produciría un grave perjuicio a mi mandante.

Es por ello por lo que entendemos necesaria y sujeta a derecho la petición solicitada.

A los anteriores hechos resultan de aplicación los siguientes.

FUNDAMENTOS DE DERECHO

I.- JURISDICCIÓN Y COMPETENCIA

La Jurisdicción civil es la encargada del conocimiento de estos procedimientos, de conformidad con lo dispuesto en los arts. 9, 21 y concordantes de la Ley orgánica del poder judicial.

Resulta competente el Juzgado al que me dirijo de conformidad con lo dispuesto en el artículo 723 (1) de la Ley de Enjuiciamiento Civil.

II.- CAPACIDAD Y LEGITIMACIÓN

Ambas partes ostentan la capacidad necesaria para intervenir en la presente relación jurídico-procesal de acuerdo con los artículos 6 y siguientes de la LEC.

Asimismo, se encuentran legitimados por ser las partes contratantes en el contrato cuyos efectos se solicitarán en la demanda principal, y ello de conformidad con lo dispuesto en el art. 10 y concordantes de la LEC.

III.- POSTULACIÓN Y DEFENSA

De acuerdo con las exigencias de los artículos 23 y 31 de la Ley de Enjuiciamiento Civil, esta parte comparece representada de procurador/a y asistida de letrado/a.

IV.- PROCEDIMIENTO

Solicitar las medidas cautelares de acuerdo a lo establecido en el artículo 721 de la Ley de Enjuiciamiento Civil (2):

> «1. Bajo su responsabilidad, todo actor, principal o reconvencional, podrá solicitar del tribunal, conforme a lo dispuesto en este Título, la adopción de las medidas cautelares que considere necesarias para asegurar la efectividad de la tutela judicial que pudiera otorgarse en la sentencia estimatoria que se dicte.
> 2. Las medidas cautelares previstas en este Título no podrán ser acordadas de oficio por el tribunal, sin perjuicio de lo que se disponga para los procesos especiales o para lo previsto en el apartado 3. Tampoco podrá éste acordar medidas más gravosas que las solicitadas.
> 3. Si, en aplicación de lo previsto en el artículo 43, el tribunal acordase la suspensión del proceso en que se ejercita la acción individual de un consumidor dirigida a obtener que se declare el carácter abusivo de una cláusula contractual, podrá acordar de oficio, sin necesidad de prestar caución, las medidas cautelares que considere necesarias para asegurar la eficacia de un eventual pronunciamiento estimatorio».

El asunto será tramitado por los cauces del **artículo 730.2 de la Ley de Enjuiciamiento Civil** que establece que, podrán también solicitarse medidas cautelares antes de la demanda si quien en ese momento las pide alega y acredita razones de urgencia o necesidad.

Asimismo, continúa diciendo el mismo precepto que, en este caso, las medidas que se hubieran acordado quedarán sin efecto si la demanda no se presentare ante el mismo Tribunal que conoció de la solicitud de aquéllas **en los veinte días siguientes a su adopción**.

El/La letrado/a de la Administración de Justicia, de oficio, acordará mediante decreto que se alcen o revoquen los actos de cumplimiento que hubieran sido realizados, condenará al solicitante en las costas y declarará que es responsable de los daños y perjuicios que haya producido al sujeto respecto del cual se adoptaron las medidas.

V.- FONDO DEL ASUNTO

De aplicación directa lo dispuesto en el art. 730 LEC y concordantes. Asimismo:

- Del *periculum in mora*

Queda acreditada la actitud del solicitado de no entregar la cosa objeto del contrato a mi mandante, con evidente riesgo de desaparición o deterioro. En este sentido, el artículo 728.1 Ley de Enjuiciamiento Civil dice respecto el peligro de la mora procesal que, sólo podrán acordarse medidas cautelares si quien las solicita justifica, que, en el caso de que se trate, podrían producirse durante la pendencia del proceso, de no adoptarse las medidas solicitadas, situaciones que impidieren o dificultaren la efectividad de la tutela que pudiere otorgarse en una eventual sentencia estimatoria.

- De la apariencia de buen derecho

El **artículo 728.2** de la Ley de Enjuiciamiento Civil establece que el solicitante de medidas cautelares también habrá de presentar con su solicitud los datos, argumentos y justificaciones documentales que conduzcan a fundar, por parte del Tribunal, sin prejuzgar el fondo del asunto, un juicio provisional e indiciario favorable al fundamento de su pretensión. En defecto de justificación documental, el solicitante podrá ofrecerla por otros medios de prueba, que deberá proponer en forma en el mismo escrito.

En este caso, en lo que respecta a la apariencia de buen derecho, la prueba documental anticipada con la presente solicitud justifica por sí misma y sin que por el Tribunal sea prejuzgado el fondo del asunto, el juicio provisional e indiciario favorable al fundamento de la pretensión de esta parte.

- De la caución

De acuerdo con lo dispuesto en el **artículo 728.3** de la Ley de Enjuiciamiento Civil, a pesar de que esta petición, por sí misma, no exigiría caución alguna, con el objeto de obtener rapidez y simplicidad procesal, esta parte ofrece caución consistente en aval bancario de la entidad [NOMBRE] por la suma de [CANTIDAD EN LETRA] euros ([CANTIDAD] €), realizable en cualquier momento de conformidad con el artículo 529.3 de la Ley de Enjuiciamiento Civil.

El **auto de la Audiencia Provincial de Valencia n.º 423/2016 de 7 de noviembre, ECLI:ES:APV:2016:978A**, nos indica que: «Las medidas cautelares, reguladas en los arts. 721 a 747 LEC, son un proceso dirigido a enervar los obstáculos que puedan oponerse a la eficacia de un proceso principal. El proceso cautelar garantiza la eficacia del resultado de otro proceso. Esta función instrumental o accesoria implica que en la medida cautelar ha de concurrir el elemento de la idoneidad. Solo procede otorgar la tutela cautelar si la petición obedece de forma exclusiva a la finalidad de garantizar la efectividad de una eventual sentencia estimatoria de la demanda (ATS de 26 de junio de 2009, rec. 1128/2008)».

Idoneidad que se nos da en el caso concreto, además de por lo ya anteriormente expuesto, por [ESPECIFICAR]

Por lo expuesto,

SUPLICO AL JUZGADO:

Tenga por presentado este escrito, con sus copias y documentos que lo acompañan, se sirva admitirlo y tenerme por personado y parte en la representación que ostento y por formulada **SOLICITUD DE MEDIDA CAUTELAR DE DEPÓSITO DE COSA**

MUEBLE consistente en [DESCRIPCION], que se encuentra en el domicilio de D./D.ª [NOMBRE], contra el que se pretende la interposición en un futuro de una demanda en cantidad suficiente para cubrir el importe total de [CANTIDAD] € en concepto de principal, intereses y costas de una eventual sentencia condenatoria, y a este respecto ACUERDE el establecimiento del depósito de la misma, CONDENANDO a la adversa a estar y pasar por tal declaración, con los demás apercibimientos que por derecho procedan.

Por ser justicia en [CIUDAD], a [DÍA] de [MES] de [AÑO]

Fdo. [NOMBRE Y FIRMA LETRADO] | Proc. [NOMBRE Y FIRMA PROCURADOR]

PRIMER OTROSÍ DIGO: interesa a esta parte el nombramiento como depositario a D./D.ª [NOMBRE], sin perjuicio de un mejor criterio del tribunal.

En su virtud,

SUPLICO AL JUZGADO:

Tenga por efectuada la anterior manifestación y nombre depositario del bien interesado a la persona indicada.

Por ser justicia, fecha y lugar *ut supra*.

Fdo. [NOMBRE Y FIRMA LETRADO] | Proc. [NOMBRE Y FIRMA PROCURADOR]

SEGUNDO OTROSÍ DIGO: que interesa a esta parte que sea admitida la caución ofrecida sin perjuicio de que el tribunal la entienda innecesaria o acuerde otra superior.

Por lo anterior,

SUPLICO AL JUZGADO: tenga por efectuada la anterior manifestación a los efectos oportunos.

Por ser justicia, fecha y lugar *ut supra*.

Fdo. [NOMBRE Y FIRMA LETRADO] | Proc. [NOMBRE Y FIRMA PROCURADOR]

---

(1) El RD-ley 6/2023, de 19 de diciembre, modifica el artículo 723.2 de la LEC con entrada en vigor el 20/03/2024. El extracto mostrado en este formulario constituye la versión vigente desde esa fecha.

(2) El RD-ley 6/2023, de 19 de diciembre, modifica el artículo 721 de la LEC con entrada en vigor el 20/03/2024. El extracto mostrado en este formulario constituye la versión vigente desde esa fecha.

Escrito solicitando el levantamiento de medida cautelar en el orden civil

AL JUZGADO DE PRIMERA INSTANCIA [NÚMERO] **DE** [LOCALIDAD]

Procedimiento: [ESPECIFICAR]

Número: [NÚMERO/AÑO]

D./D.ª [NOMBRE PROCURADOR CLIENTE], procurador/a de los tribunales, colegiado/a n.º [NÚMERO], en nombre y representación de **D./D.ª** [NOMBRE CLIENTE], según tengo acreditado en el procedimiento [ESPECIFICAR] n.º [NÚMERO] y bajo la dirección técnica del abogado/a **D./D.ª** [NOMBRE], colegiado/a n.º [NÚMERO], ante este juzgado comparezco y, como mejor proceda en derecho,

DIGO:

PRIMERO.- En fecha [FECHA] se acordó la siguiente medida cautelar en el presente procedimiento [ESPECIFICAR].

SEGUNDO.- En fecha [FECHA] ha recaído sentencia en los autos [ESPECIFICAR], por la que se absuelve a mi representado de los pedimentos contra él formulados.

La firmeza de la referida resolución se nos notificó el [FECHA].

TERCERO.- De conformidad con lo dispuesto en el artículo 731 de la Ley de Enjuiciamiento Civil, interesamos se deje sin efecto dicha medida, librándose al efectos los despachos correspondientes.

SUPLICO AL JUZGADO, que teniendo por presentado este escrito y documento que se acompaña, así como justificantes de traslado al/la procurador/a de la parte contraria, se sirva admitirlo y al amparo de lo previsto en el artículo 731 de la Ley de Enjuiciamiento Civil, **se acuerde dejar sin efecto inmediatamente la medida cautelar acordada** y consistente en [DESCRIPCION] librándose al efecto los despachos correspondientes.

Por ser de justicia que pido en [LOCALIDAD] a [FECHA]

Ltdo. [NOMBRE Y FIRMA LETRADO] | Proc. [NOMBRE Y FIRMA PROCURADOR]

Escrito solicitando medida cautelar de intervención y depósito de ingresos obtenidos mediante actividad ilícita

AL JUZGADO DE PRIMERA INSTANCIA DE [LOCALIDAD] QUE POR TURNO DE REPARTO CORRESPONDA

D./D.ª [NOMBRE_PROCURADOR_CLIENTE] procurador/a de los tribunales, en representación de [NOMBRE_CLIENTE], según acredito mediante comparecencia apud acta/poder general para pleitos, bajo la dirección letrada de [NOMBRE_ABOGADO_CLIENTE] con número de colegiado/a [NUMEROCOLEGIADO_ABOGADO_CLIENTE] del Ilustre Colegio de Abogados de [LOCALIDAD], ante el juzgado comparezco y, que por medio del presente escrito interesamos, **MEDIDAS CAUTELARES** correspondiendo las mismas en **la INTERVENCIÓN Y DEPÓSITO DE INGRESOS OBTENIDOS MEDIANTE UNA ACTIVIDAD ILÍCITA.**

Y ello contra **D./D.ª** [NOMBRE_PARTECONTRARIA] con domicilio en C/ [CALLE], n.º [NÚMERO], CP [CÓDIGO POSTAL], [LOCALIDAD], [PROVINCIA] y provisto de DNI [NÚMERO].

Todo ello con base en los siguientes,

HECHOS

PRIMERO.- Mi representado/a es propietario/a del derecho de autor de [IDENTIFICAR] sobre sus obras científicas, tal y como acredita con el **documento n.º** [NÚMERO] que adjunto al presente escrito.

La parte demandada ha llevado a cabo la copia y reproducción de dichas obras, algunas en parte y otras por entero, tal y como acreditan los **documentos n.º** [NÚMERO] y [NÚMERO].

Las referidas obras copiadas han sido vendidas en diversos establecimientos por parte del demandado, por las que ha adquirido ciertos beneficios económicos, que asciende a [CANTIDAD] euros.

Se adjunta como **documento n.º** [NÚMERO] la prueba documental [ESPECIFICAR].

Por lo que, a consecuencia de estas acciones, mi representado/a ha sufrido daños en sus derechos de autor, lo que le ha provocado pérdidas económicas valoradas aproximadamente en [CANTIDAD] euros, además de daños morales.

SEGUNDO.- Por ende, esta parte solicita las medidas cautelares de intervención y depósito de los ingresos obtenidos a través de la venta y del aprovechamiento de la reproducción, copia y venta de las obras científicas de mi mandante todo ello de acuerdo con el artículo 727. 8.ª de la Ley de Enjuiciamiento Civil:

«Conforme a lo establecido en el artículo anterior, podrán acordarse, entre otras, las siguientes medidas cautelares:

(...)

8.ª La intervención y depósito de ingresos obtenidos mediante una actividad que se considere ilícita y cuya prohibición o cesación se pretenda en la demanda, así como la consignación o depósito de las cantidades que se reclamen en concepto de remuneración de la propiedad intelectual».

TERCERO.- Para la adopción de las medidas solicitadas, esta parte ofrece caución [DESCRIPCIÓN].

A los anteriores hechos le son de aplicación los siguientes,

FUNDAMENTOS DE DERECHO

I.- JURISDICCIÓN Y COMPETENCIA

La jurisdicción civil es la encargada del conocimiento de esto procedimientos, de conformidad con lo dispuesto en los arts. 9 y 21 y concordantes de la Ley Orgánica del Poder Judicial.

Resulta competente el juzgado al que me dirijo de conformidad con lo dispuesto en el artículo 723 de la Ley de Enjuiciamiento Civil.

II.- CAPACIDAD Y LEGITIMACIÓN

Ambas partes ostentan la capacidad necesaria para intervenir en la presente relación jurídico-procesal de acuerdo con los artículos 6 y siguientes de la LEC.

Asimismo, se encuentran legitimados por ser las partes contratantes en el contrato cuyos efectos se solicitarán en la demanda principal, y ello de conformidad con lo dispuesto en el art. 10 y concordantes de la LEC.

III.- POSTULACIÓN Y DEFENSA

De acuerdo con las exigencias de los artículos 23 y 31 de la Ley de Enjuiciamiento Civil esta parte comparece representada de procurador/a y asistida de letrado/a.

IV.- CAUCIÓN

Se ofrece caución de [CANTIDAD] conforme a lo dispuesto en el artículo 728 de la Ley de Enjuiciamiento Civil.

V.- PROCEDIMIENTO

El asunto será tramitado por los cauces del artículo 730.2 de la Ley de Enjuiciamiento Civil que establece que, podrán también solicitarse medidas cautelares antes de la demanda si quien en ese momento las pide alega y acredita razones de urgencia o necesidad.

Asimismo, continúa diciendo el mismo precepto que, en este caso, las medidas que se hubieran acordado quedarán sin efecto si la demanda no se presentare ante el mismo tribunal que conoció de la solicitud de aquéllas en los veinte días siguientes a su adopción.

El/la letrado/a de la Administración de Justicia, de oficio, acordará mediante decreto que se alcen o revoquen los actos de cumplimiento que hubieran sido realizados, condenará al solicitante en las costas y declarará que es responsable de los daños y perjuicios que haya producido al sujeto respecto del cual se adoptaron las medidas.

Del mismo modo, para la adopción de medidas cautelares ha de estarse a lo dispuesto en el artículo 721 de la LEC (1):

«1. Bajo su responsabilidad, todo actor, principal o reconvencional, podrá solicitar del tribunal, conforme a lo dispuesto en este Título, la adopción de las medidas cautelares que considere necesarias para asegurar la efectividad de la tutela judicial que pudiera otorgarse en la sentencia estimatoria que se dictare.
2. Las medidas cautelares previstas en este Título no podrán ser acordadas de oficio por el tribunal, sin perjuicio de lo que se disponga para los procesos

especiales o para lo previsto en el apartado 3. Tampoco podrá éste acordar medidas más gravosas que las solicitadas.

3. Si, en aplicación de lo previsto en el artículo 43, el tribunal acordase la suspensión del proceso en que se ejercita la acción individual de un consumidor dirigida a obtener que se declare el carácter abusivo de una cláusula contractual, podrá acordar de oficio, sin necesidad de prestar caución, las medidas cautelares que considere necesarias para asegurar la eficacia de un eventual pronunciamiento estimatorio».

VI.- FONDO DEL ASUNTO

I.- Según se desprende de lo dispuesto en el numeral 9 del **artículo 727 la Ley de Enjuiciamiento Civil**: «Conforme a lo establecido en el artículo anterior, podrán acordarse, entre otras, las siguientes medidas cautelares:(...) 8ª. La intervención y depósito de ingresos obtenidos mediante una actividad que se considere ilícita y cuya prohibición o cesación se pretenda en la demanda, así como la consignación o depósito de las cantidades que se reclamen en concepto de remuneración de la propiedad intelectual».

En el presente supuesto se dan los requisitos para que pueda acordarse la intervención de los ingresos obtenidos a través de la venta de los ejemplares de las obras científicas de mi mandante, toda vez que se pretende sentencia que ordene la cesación de la actividad llevada a cabo por la parte demandada además de una indemnización por daños y perjuicios.

II.- Queda acreditada la actitud del solicitado de no cesar en la distribución y producción de las obras de mi mandante. En este sentido, el **artículo 728.1 de la Ley de Enjuiciamiento Civil** dice respecto el peligro de la mora procesal que, sólo podrán acordarse medidas cautelares si quien las solicita justifica que, en el caso de que se trate, podrían producirse durante la pendencia del proceso, de no adoptarse las medidas solicitadas, situaciones que impidieren o dificultaren la efectividad de la tutela que pudiere otorgarse en una eventual sentencia estimatoria.

III.- El **artículo 728.2 de la Ley de Enjuiciamiento Civil** establece que, el solicitante de medidas cautelares también habrá de presentar con su solicitud los datos, argumentos y justificaciones documentales que conduzcan a fundar, por parte del tribunal, sin prejuzgar el fondo del asunto, un juicio provisional e indiciario favorable al fundamento de su pretensión. En defecto de justificación documental, el solicitante podrá ofrecerla por otros medios de prueba, que deberá proponer en forma en el mismo escrito.

En este caso, en lo que respecta a la apariencia de buen derecho, la prueba documental anticipada con la presente solicitud justifica por sí misma y sin que por el tribunal sea prejuzgado el fondo del asunto, el juicio provisional e indiciario favorable al fundamento de la pretensión de esta parte.

IV.- De acuerdo con lo dispuesto en el **artículo 728.3 de la Ley de Enjuiciamiento Civil**, esta parte ofrece caución consistente en aval bancario de la entidad [NOMBRE] por la suma de [CANTIDAD EN LETRA] euros [CANTIDAD EN N.º], para responder de manera rápida y efectiva, de los daños y perjuicios que la adopción de la medida cautelar solicitada pudiera corresponder.

El **auto de la Audiencia Provincial de Valencia n.º 787/2016, de 7 de noviembre, ECLI:ES:APV:2016:978A**, reza lo siguiente:

«Las medidas cautelares, reguladas en los arts. 721 a 747 LEC, son un proceso dirigido a enervar los obstáculos que puedan oponerse a la eficacia de un proceso principal. El proceso cautelar garantiza la eficacia del resultado de otro proceso. Esta función instrumental o accesoria implica que en la medida cautelar ha de concurrir el elemento de la idoneidad. Solo procede otorgar la tutela cautelar si la petición obedece de forma exclusiva a la finalidad de garantizar la efectividad de una eventual sentencia estimatoria de la demanda (ATS de 26 de junio de 2009, rec. 1128/2008)».

Idoneidad que se nos da en el caso concreto, además de por lo ya anteriormente expuesto, por [ESPECIFICAR].

V.- De lo expresado en los antecedentes fácticos únicamente nos queda por relacionarlo con lo preceptuado, concretamente, en el art. 733 de la LEC:

«1. Como regla general, el tribunal proveerá a la petición de medidas cautelares previa audiencia del demandado.

2. **No obstante lo dispuesto en el apartado anterior, cuando el solicitante así lo pida y acredite que concurren razones de urgencia o que la audiencia previa puede comprometer el buen fin de la medida cautelar, el tribunal podrá acordarla sin más trámites mediante auto**, en el plazo de cinco días, en el que razonará por separado sobre la concurrencia de los requisitos de la medida cautelar y las razones que han aconsejado acordarla sin oír al demandado.

Contra el auto que acuerde medidas cautelares sin previa audiencia del demandado no cabrá recurso alguno y se estará a lo dispuesto en el capítulo III de este título. El auto será notificado a las partes sin dilación y, de no ser posible antes, inmediatamente después de la ejecución de las medidas».

Y en el caso que nos ocupa está más que claro la urgencia de la adopción de las medidas, por lo que entendemos la necesidad de que se adopten sin audiencia de la adversa.

Por todo lo expuesto,

SUPLICO AL JUZGADO:

Tenga por presentado este escrito, con sus copias y documentos que lo acompañan, se sirva admitirlo y tenerme por personado y parte en la representación que ostento y por formulada **SOLICITUD DE INTERVENCIÓN Y DEPÓSITO DE LOS INGRESOS OBTENIDOS POR LA COMERCIALIZACIÓN DE LAS OBRAS PROPIEDAD MI MANDANTE** por D./D.ª [NOMBRE_PARTE_DEMANDADA], contra quien se pretende la posterior interposición de demanda.

Por ser justicia, en [LOCALIDAD] a [FECHA]

Fdo. Abogado/a [NOMBRE Y FIRMA LETRADO/A] |
Fdo. Procurador/a [NOMBRE Y FIRMA PROCURADOR/A]

OTROSÍ DIGO: sea admitida la caución por esta parte ofrecida, sin perjuicio de que el tribunal la entienda innecesaria o acuerde otra superior.

En su virtud,

SUPLICO AL JUZGADO:

Tenga por presentada la caución interesada, se admita y se declare su suficiencia.

Por ser justicia, fecha y lugar *ut supra*

Fdo. Abogado/a [NOMBRE Y FIRMA LETRADO/A] |
Fdo. Procurador/a [NOMBRE Y FIRMA PROCURADOR/A]

---

(1) El RD-ley 6/2023, de 19 de diciembre, modifica el artículo 721 de la LEC con entrada en vigor el 20/03/2024. El extracto mostrado en este formulario constituye la versión vigente desde esa fecha.

Escrito solicitando medida cautelar de depósito temporal de ejemplares de las obras u objetos

AL JUZGADO DE LO MERCANTIL N.º [NÚMERO] **DE** [LOCALIDAD]

Don/Doña [NOMBRE_PROCURADOR_CLIENTE] procurador/a de los tribunales en nombre y representación de **don/doña** [NOMBRE] con DNI [NÚMERO] y domicilio en [DOMICILIO] cuya representación tengo acreditada en [DESCRIPCIÓN] (Indicar la clase de procedimiento), contra **don/doña** [NOMBRE_PARTECONTRARIA], y bajo la dirección letrada de **don/doña** [NOMBRE_ABOGADO] colegiado/a número [NÚMERO_COLEGIADO] del Ilustre Colegio de Abogados de [LOCALIDAD] ante el juzgado comparezco y como mejor proceda en Derecho, DIGO:

Interesa a esta parte, para asegurar la efectividad de la tutela judicial que pudiera otorgarse en la sentencia estimatoria que pudiera recaer en el referido procedimiento, la adopción de las **MEDIDAS CAUTELARES**, basadas en los siguientes,

HECHOS

PRIMERO.- Mi representado/a es propietario/a del derecho de autor [DESCRIPCION] sobre sus obras científicas, tal y como acredita con el **documento n.º** [NÚMERO] que adjunto al presente escrito.

La parte demandada ha llevado a cabo la copia y reproducción de dichas obras, algunas en parte y otras por entero, tal y como acreditan los **documentos n.º** [NÚMERO] y [NÚMERO].

Las referidas obras copiadas han sido vendidas en diversos establecimientos por parte del/de la demandado/a, por las que ha adquirido ciertos beneficios económicos, se adjunta como **documento n.º** [NÚMERO] la prueba documental [ESPECIFICAR].

Por lo que, a consecuencia de estas acciones, mi representado/a ha sufrido daños en sus derechos de autor, lo que le ha provocado pérdidas económicas valoradas aproximadamente en [CANTIDAD] euros, además de daños morales.

SEGUNDO.- Por ende, esta parte solicita la medida cautelar del depósito de las citadas obras así como todo el material empleado por la adversa para llevar a cabo la producción y distribución de las referidas obras, todo ello de acuerdo con el artículo 727. 9.ª de la Ley de Enjuiciamiento Civil:

> «Conforme a lo establecido en el artículo anterior, podrán acordarse, entre otras, las siguientes medidas cautelares:
> (...) 9.ª El depósito temporal de ejemplares de las obras u objetos que se reputen producidos con infracción de las normas sobre propiedad intelectual e industrial, así como el depósito del material empleado para su producción».

TERCERO.- Para la adopción de las medidas solicitadas, esta parte ofrece caución [DESCRIPCIÓN].

A los anteriores hechos le son de aplicación los siguientes,

FUNDAMENTOS DE DERECHO

PRIMERO.- JURISDICCIÓN Y COMPETENCIA

La Jurisdicción civil es la encargada del conocimiento de estos procedimientos, de conformidad con lo dispuesto en los arts. 9 y 21 y concordantes de la Ley Orgánica del Poder Judicial.

Resulta competente el juzgado al que me dirijo de conformidad con lo dispuesto en el artículo 723 de la Ley de Enjuiciamiento Civil.

SEGUNDO.- CAPACIDAD Y LEGITIMACIÓN

Ambas partes ostentan la capacidad necesaria para intervenir en la presente relación jurídico-procesal de acuerdo con los artículos 6 y siguientes de la LEC.

Asimismo, se encuentran legitimadas por ser las partes contratantes en el contrato cuyos efectos se solicitarán en la demanda principal, y ello de conformidad con lo dispuesto en el **art. 10 y concordantes de la LEC**.

TERCERO.- POSTULACIÓN

De acuerdo con las exigencias de los artículos 23 y 31 de la Ley de Enjuiciamiento Civil, esta parte comparece representada por procurador/a y asistida de letrado/a.

CUARTO.- CAUCIÓN

Se ofrece caución de [CANTIDAD] conforme a lo dispuesto en el artículo 728 de la Ley de Enjuiciamiento Civil.

QUINTO.- PROCEDIMIENTO

El asunto será tramitado por los cauces del **artículo 730.2 de la Ley de Enjuiciamiento Civil** que establece que, podrán también solicitarse medidas cautelares antes de la demanda si quien en ese momento las pide alega y acredita razones de urgencia o necesidad.

Asimismo, continúa diciendo el mismo precepto que, en este caso, las medidas que se hubieran acordado quedarán sin efecto si la demanda no se presentare ante el mismo tribunal que conoció de la solicitud de aquéllas en los veinte días siguientes a su adopción.

El/la letrado/a de la Administración de Justicia, de oficio, acordará mediante decreto que se alcen o revoquen los actos de cumplimiento que hubieran sido realizados, condenará al solicitante en las costas y declarará que es responsable de los daños y perjuicios que haya producido al sujeto respecto del cual se adoptaron las medidas.

SEXTO.- FONDO DEL ASUNTO

I.- Según se desprende de lo dispuesto en el numeral 9 del **artículo 727 la Ley de Enjuiciamiento Civil**: «Conforme a lo establecido en el artículo anterior, podrán acordarse, entre otras, las siguientes medidas cautelares:(...) 9ª. El depósito temporal de ejemplares de las obras u objetos que se reputen producidos con infracción de las normas sobre propiedad intelectual e industrial, así como el depósito del material empleado para su producción».

En el presente supuesto se dan los requisitos para que pueda acordarse el depósito temporal de los ejemplares de las obras científicas de mi mandante así como, el depósito de todo el material que haya empleado para la producción y distribución de las mismas, toda vez que se pretende sentencia que ordene la cesación de la actividad llevada a cabo por la parte demandada además de una indemnización por daños y perjuicios.

II.- Queda acreditada la actitud del solicitado de no cesar en la distribución y producción de las obras de mi mandante. En este sentido, el **artículo 728.1 de la Ley de Enjuiciamiento Civil** dice respecto el peligro de la mora procesal que, sólo podrán acordarse medidas cautelares si quien las solicita justifica, que, en el caso de que se trate, podrían producirse durante la pendencia del proceso, de no adoptarse las medidas solicitadas, situaciones que impidieren o dificultaren la efectividad de la tutela que pudiere otorgarse en una eventual sentencia estimatoria.

III.- El **artículo 728.2 de la Ley de Enjuiciamiento Civil** establece que, el solicitante de medidas cautelares también habrá de presentar con su solicitud los datos, argumentos y justificaciones documentales que conduzcan a fundar, por parte del tribunal, sin prejuzgar el fondo del asunto, un juicio provisional e indiciario favorable al fundamento de su pretensión. En defecto de justificación documental, el solicitante podrá ofrecerla por otros medios de prueba, que deberá proponer en forma en el mismo escrito.

En este caso, en lo que respecta a la apariencia de buen derecho, la prueba documental anticipada con la presente solicitud justifica por sí misma y sin que por el tribunal sea prejuzgado el fondo del asunto, el juicio provisional e indiciario favorable al fundamento de la pretensión de esta parte.

IV.- De acuerdo con lo dispuesto en el **artículo 728.3 de la Ley de Enjuiciamiento Civil**, esta parte ofrece caución consistente en aval bancario de la entidad [NOMBRE] por la suma de [CANTIDAD EN LETRA] euros ([CANTIDAD]), realizable en cualquier momento de conformidad con el artículo 529.3 de la Ley de Enjuiciamiento Civil.

El **auto de la Audiencia Provincial de Valencia n.º 423/2016, de 7 de noviembre, ECLI:ES:APV:2016:978A**, reza lo siguiente: «Las medidas cautelares, reguladas en los arts. 721 a 747 LEC, son un proceso dirigido a enervar los obstáculos que puedan oponerse a la eficacia de un proceso principal. El proceso cautelar garantiza la eficacia del resultado de otro proceso. Esta función instrumental o accesoria implica que en la medida cautelar ha de concurrir el elemento de la idoneidad. Solo procede otorgar la tutela cautelar si la petición obedece de forma exclusiva a la finalidad de garantizar la efectividad de una eventual sentencia estimatoria de la demanda (ATS de 26 de junio de 2009, rec. 1128/2008)».

V.- Solicitar las medidas cautelares debido a su obligatoriedad de realizarse a instancia de parte conforme al artículo 721 **(1)** de la LEC:

> «1. Bajo su responsabilidad, todo actor, principal o reconvencional, podrá solicitar del tribunal, conforme a lo dispuesto en este Título, la adopción de las medidas cautelares que considere necesarias para asegurar la efectividad de la tutela judicial que pudiera otorgarse en la sentencia estimatoria que se dictare.
> 2. Las medidas cautelares previstas en este Título no podrán ser acordadas de oficio por el tribunal, sin perjuicio de lo que se disponga para los procesos especiales o para lo previsto en el apartado 3. Tampoco podrá éste acordar medidas más gravosas que las solicitadas.
> 3. Si, en aplicación de lo previsto en el artículo 43, el tribunal acordase la suspensión del proceso en que se ejercita la acción individual de un consumidor dirigida a obtener que se declare el carácter abusivo de una cláusula contractual, podrá acordar de oficio, sin necesidad de prestar caución, las medidas cautelares que considere necesarias para asegurar la eficacia de un eventual pronunciamiento estimatorio».

Idoneidad que se nos da en el caso concreto, además de por lo ya anteriormente expuesto, por [ESPECIFICAR].

VI.- De lo expresado en los antecedentes fácticos únicamente nos queda por relacionarlo con lo preceptuado, concretamente, en el art. 733 de la LEC:

«1. Como regla general, el tribunal proveerá a la petición de medidas cautelares previa audiencia del demandado.

2. No obstante lo dispuesto en el apartado anterior, cuando el solicitante así lo pida y acredite que concurren razones de urgencia o que la audiencia previa puede comprometer el buen fin de la medida cautelar, el tribunal podrá acordarla sin más trámites mediante auto, en el plazo de cinco días, en el que razonará por separado sobre la concurrencia de los requisitos de la medida cautelar y las razones que han aconsejado acordarla sin oír al demandado.

Contra el auto que acuerde medidas cautelares sin previa audiencia del demandado no cabrá recurso alguno y se estará a lo dispuesto en el capítulo III de este título. El auto será notificado a las partes sin dilación y, de no ser posible antes, inmediatamente después de la ejecución de las medidas».

Y en el caso que nos ocupa está más que claro la urgencia de la adopción de las medidas, por lo que entendemos la necesidad de que se adopten sin audiencia de la adversa, máxime cuando se encuentra en paradero desconocido y el intento de notificación (que terminaría por medio edictal), únicamente supondría un aumento del perjuicio a mi mandante, que ya de por sí es de gran consideración.

Por todo lo expuesto,

SUPLICO AL JUZGADO:

Tenga por presentado este escrito, con sus copias y documentos que lo acompañan, se sirva admitirlo y tenerme por personado y parte en la representación que ostento y por formulada SOLICITUD DE DEPÓSITO DE TODAS LAS OBRAS PROPIEDAD MI MANDANTE Y DE LOS MATERIALES EMPLEADOS PARA SU PRODUCCIÓN por D./D.ª [NOMBRE_PARTE_DEMANDADA], contra quien se pretende la posterior interposición de demanda.

Por ser justicia, en [LOCALIDAD] a [FECHA]

Fdo. Abogado/a D./D.ª   Fdo. Procurador/a D./D.ª

[NOMBRE Y FIRMA LETRADO/A]   [NOMBRE Y FIRMA PROCURADOR/A]

OTROSÍ DIGO: sea admitida la caución por esta parte ofrecida, sin perjuicio de que el tribunal la entienda innecesaria o acuerde otra superior.

En su virtud,

SUPLICO AL JUZGADO:

Tenga por presentada la caución interesada, se admita y se declare su suficiencia.

Por ser justicia en fecha y lugar *ut supra*.

Fdo. Abogado/a D./D.ª   Fdo. Procurador/a D./D.ª

[NOMBRE Y FIRMA LETRADO/A]   [NOMBRE Y FIRMA PROCURADOR/A]

---

(1) El RD-ley 6/2023, de 19 de diciembre, modifica el artículo 721 de la LEC con entrada en vigor el 20/03/2024. El extracto mostrado en este formulario constituye la versión vigente desde esa fecha.

Escrito solicitando el inventario de bienes previo a la demanda

AL JUZGADO DE PRIMERA INSTANCIA [LOCALIDAD]
QUE POR TURNO CORRESPONDA

D./ Dña. [NOMBRE_PROCURADOR_CLIENTE], procurador/a de los tribunales, en nombre y representación de D./ Dña. [NOMBRE_CLIENTE], mayor de edad, con domicilio, a efectos de notificación en [DOMICILIO_CLIENTE] según acredito mediante copia de escritura que solicito que, una vez testimoniada en autos, me sea devuelta por precisarla para otros usos, comparezco ante el juzgado y como mejor proceda en Derecho, bajo la dirección técnica de D./ Dña.[NOMBRE_ABOGADO_CLIENTE], abogado/a del Iltre. Colegio de [LOCALIDAD] y,

DIGO:

Que, siguiendo instrucciones de mi mandante, por medio del presente escrito vengo a formular **SOLICITUD DE INVENTARIO DE BIENES PREVIA A LA DEMANDA** contra D./Dña. [NOMBRE], con domicilio a efecto de notificaciones en C/ [CALLE], N.º [NÚMERO], [LOCALIDAD], [PROVINCIA] y provisto de DNI [NÚMERO], y todo ello con base en los siguientes,

HECHOS

PRIMERO.- El [DÍA] de [MES] de [AÑO], D./ Dña. [NOMBRE] contrató con D./ Dña. [NOMBRE], [DESCRIPCIÓN].D./ Dña. [NOMBRE], al [PLAZO_DÍAS], [ESPECIFICAR_DAÑO_CAUSADO].

SEGUNDO.- [DESCRIPCIÓN]

TERCERO.- [ESPECIFICAR_MOTIVOS]

A los anteriores hechos resultan de aplicación los siguientes:

FUNDAMENTOS DE DERECHO

PRIMERO.- JURISDICCIÓN Y COMPETENCIA

Le corresponde el conocimiento de este asunto, al orden jurisdiccional civil de conformidad con el artículo 36 y 45 de la Ley de Enjuiciamiento Civil.

Resulta competente el juzgado al que me dirijo de conformidad con lo dispuesto en el **artículo 723 de la Ley de Enjuiciamiento Civil**.

SEGUNDO.- CAPACIDAD

Ambas partes ostentan la capacidad necesaria para intervenir en la presente relación jurídico-procesal de acuerdo con los **artículos 6 y siguientes de la Ley de Enjuiciamiento Civil**.

TERCERO.- POSTULACIÓN

De acuerdo con las exigencias de los **artículos 23 y 31 de la Ley de Enjuiciamiento Civil**, esta parte comparece representada de procurador/a y asistida de letrado/a.

CUARTO.- PROCEDIMIENTO

El apartado 4.º del artículo 727 de la LEC, establece como medida cautelar «la formación de inventarios de bienes, en las condiciones que el tribunal disponga». La generalidad de esta norma deja a la apreciación judicial la determinación de la situación jurídica cautelable, aunque debe de referirse a casos en los que el conocimiento de los bienes que integran un patrimonio sea determinante para la efectividad de la sentencia que llegue a dictarse.

El asunto será tramitado por los cauces del artículo 730.2 de la Ley de Enjuiciamiento Civil que establece que, podrán también solicitarse medidas cautelares antes de la demanda si quien en ese momento las pide alega y acredita razones de urgencia o necesidad.

A tenor de lo dispuesto en el **auto de la Audiencia Provincial de Madrid n.º 128/2011, de 23 de noviembre, ECLI:ES:APM:2011:14512A**, así como en el **auto de la Audiencia Provincial de Gipuzkoa n.º 100/2010, de 15 de octubre, ECLI:ES:APSS:2010:638A**, «no cabe identificar la urgencia o necesidad para solicitar las medidas cautelares con carácter previo con la urgencia que justifica la posibilidad de adoptar las medidas cautelares sin audiencia del demandado. Como es obvio, tanto las medidas cautelares previas como las coetáneas pueden adoptarse con audiencia o sin audiencia del demandado».

Asimismo, la Audiencia Provincial de Madrid se pronunció en el **auto n.º 10/2010, de 22 de enero, ECLI:ES:APM:2010:603A**, al señalar que:

> «Así, puede estar justificada la urgencia o necesidad de adoptar unas medidas cautelares previas a la demanda porque su solicitud no pueda demorarse el tiempo necesario para pedirlas junto con la demanda, pero puede no concurrir la urgencia necesaria para adoptarlas inaudita parte porque no exista el menor riesgo de que su eficacia pueda quedar comprometida por el mero transcurso del tiempo necesario para cumplimentar los trámites de citación y celebración de la vista, ni se aprecie razón alguna para temer que el mero conocimiento de la parte demandada sobre la posibilidad de adoptar las medidas pudieran comprometer su buen fin. Por el contrario, puede no concurrir motivo alguno para formular la solicitud de medidas cautelares antes de la demanda y ser imprescindible que se adopten sin audiencia de la demandada, normalmente, por la segunda de las circunstancias antes señalada, esto es, porque la mera noticia de la posibilidad de su adopción pudiera motivar comportamientos del demandado que hicieran ilusoria tal tutela».

Asimismo, continúa diciendo el mismo precepto que, en este caso, las medidas que se hubieran acordado quedarán sin efecto si la demanda no se presentare ante el mismo tribunal que conoció de la solicitud de aquéllas en los veinte días siguientes a su adopción. El/la letrado/a de la Administración de Justicia, de oficio, acordará mediante decreto que se alcen o revoquen los actos de cumplimiento que hubieran sido realizados, condenará al solicitante en las costas y declarará que es responsable de los daños y perjuicios que haya producido al sujeto respecto del cual se adoptaron las medidas.

QUINTO.- APARIENCIA DE BUEN DERECHO

El **artículo 728.2 de la Ley de Enjuiciamiento Civil**, establece que, el solicitante de medidas cautelares también habrá de presentar con su solicitud los datos, argumentos y justificaciones documentales que conduzcan a fundar, por parte del tribunal, sin prejuzgar el fondo del asunto, un juicio provisional e indiciario favorable al fundamento de su pretensión. En defecto de justificación documental, el solicitante podrá ofrecerla por otros medios de prueba, que deberá proponer en forma en el mismo escrito.

La **Audiencia Provincial de Madrid en su auto n.º 320/2010, de 25 de noviembre, ECLI:ES:APM:2010:17416A**, ha señalado que:

«(...) debe ponerse de relieve que para obtener la tutela cautelar, cualquiera que sea su clase, es preciso que de modo necesario se den los siguientes requisitos: a) Una situación jurídica tutelable, b) La manifestación del derecho ejercitado como verosímil, esto es, que el examen de la documentación aportada se ofrezca como cierto y existente -fumus boni iuris-. c) El peligro de un daño inmediato o irreparable determinado por el retraso en recibir la prestación, por el permanente desconocimiento de la obligación de hacer o no hacer, o el riesgo de que la ejecución sea difícil o imposible cuando proceda - periculum in mora-. d) La temporalidad de la medida solicitada, como consecuencia de su carácter accesorio. e) La correlación y adecuación de la medida con las consecuencias que naturalmente han de derivarse de la resolución final. Y f) La prestación de la fianza que el Juez señale, cuando la ley así lo exija, en la cuantía que, atendida la solvencia del solicitante, naturaleza de la medida cautelar adoptada, eventuales perjuicios que pudieran irrogarse al demandado y demás circunstancias concurrentes, repute procedente.

(...)

Las medidas cautelares constituyen, en definitiva, un mecanismo procesal que tiende asegurar la efectividad de la tutela del derecho ejercitado o que en breve plazo va a serlo, a través del cual se trata de evitar que, con ciertos actos u omisiones del demandado durante la inevitable pendencia del litigio, resulte frustrada en el futuro la ejecución de la resolución que le ponga fin».

En este caso, en lo que respecta a la apariencia de buen derecho, la prueba documental anticipada con la presente solicitud justifica por sí misma y sin que por el Tribunal sea prejuzgado el fondo del asunto, el juicio provisional e indiciario favorable al fundamento de la pretensión de esta parte.

SEXTO.- *PERICULUM IN MORA*

Queda acreditada la actitud del solicitado de no entregar la cosa objeto del contrato a mi mandante, con evidente riesgo de desaparición o deterioro. En este sentido, el **artículo 728.1 de la Ley de Enjuiciamiento Civil** dice respecto el peligro de la mora procesal que, sólo podrán acordarse medidas cautelares si quien las solicita justifica, que, en el caso de que se trate, podrían producirse durante la pendencia del proceso, de no adoptarse las medidas solicitadas, situaciones que impidieren o dificultaren la efectividad de la tutela que pudiere otorgarse en una eventual sentencia estimatoria.

La **Audiencia Provincial de Madrid en su auto n.º 74/2009, de 24 de abril, ECLI:ES:APM:2009:5259A**, dispone que «el requisito del peligro por la demora procesal ('periculum in mora') exige, para que pueda decretarse una medida cautelar, que exista un riesgo real de que la parte demandada pudiera aprovecharse de la duración del proceso para hacer inefectiva la tutela judicial que podría otorgarle la sentencia resolutoria de la contienda. Por lo que la parte actora debería justificar en su solicitud, como exige el nº 1 del artículo 728 de la LEC, que estaría concurriendo una coyuntura de la que estaría en condiciones de valerse la parte demandada para menoscabar los efectos de una hipotética resolución favorable a aquélla. Lo que exige concretar, ante las específicas circunstancias que concurran en cada caso, cuál sería la situación que, durante el desarrollo del litigio, habría de conjurar esa medida».

SÉPTIMO.- CAUCIÓN

De acuerdo con lo dispuesto en el **artículo 728.3 de la Ley de Enjuiciamiento Civil**, a pesar de que esta petición, por sí misma, no exigiría caución alguna, con el objeto de obtener rapidez y simplicidad procesal, esta parte ofrece caución consistente en aval bancario de la entidad [NOMBRE] por la suma de [CANTIDAD_EN_LETRA] euros ([CANTIDAD] €), realizable en cualquier momento de conformidad con el artículo 529.3 de la Ley de Enjuiciamiento Civil.

Por lo expuesto,

SUPLICO AL JUZGADO, que tenga por presentado este escrito, con sus copias y documentos que lo acompañan, se sirva admitirlo y tenerme por personado y parte en la representación que ostento y por formulada **SOLICITUD DE INVENTARIO DE BIENES** consistente en [DESCRIPCIÓN], que se encuentra en el domicilio de D./Dña. [NOMBRE], contra el que se pretende la interposición en un futuro de una demanda en cantidad suficiente para cubrir el importe total de [CANTIDAD] € en concepto de principal, intereses y costas de una eventual sentencia condenatoria.

OTROSÍ DIGO, que interesa a esta parte el nombramiento como depositario a D./Dña. [NOMBRE], sin perjuicio de un mejor criterio del tribunal.

Mismo lugar y fecha.

Por ser justicia que se pide en [CIUDAD] a [DÍA] de [MES] de [AÑO]

Firma Abogado/a | Firma Procurador/a

[FIRMA] [FIRMA]

Escrito solicitando medida cautelar de administración judicial

AL JUZGADO DE PRIMERA INSTANCIA N.º DE [LOCALIDAD]

Don/Doña [NOMBRE PROCURADOR/A CLIENTE] procurador/a de los tribunales, colegiado/a n.º [NÚMERO COLEGIADO/A] en nombre y representación de **don/doña** [NOMBRE CLIENTE], mayor de edad, con DNI/NIE n. º [NÚM. DOCUMENTO], con domicilio a efectos de notificación [DOMICILIO CLIENTE], según se acredita mediante la copia de la escritura de poder especial para pleitos que, debidamente bastanteada, acompaño y cuya devolución intereso para otros usos, ante el Juzgado comparezco bajo la dirección letrada de **don/doña** [NOMBRE ABOGADO/A CLIENTE], con n.º de colegiado/a [NÚMERO COLEGIADO/A] del Ilustre Colegio de Abogados de [LOCALIDAD] y, como mejor proceda en Derecho,

DIGO:

Que, por medio del presente escrito formulo **SOLICITUD DE MEDIDA CAUTELAR** consistente en **ADMINISTRACIÓN JUDICIAL** [DESCRIPCIÓN], contra don/doña [NOMBRE PARTE CONTRARIA], en calidad de demandado y de acuerdo con los artículos 721 y siguientes de la LEC.

Mi mandante, don/doña [NOMBRE CLIENTE], actúa asistido/a por el/la abogado/a don/doña [NOMBRE ABOGADO/A CLIENTE] y representada por el/la procurador/a que suscribe.

La solicitud se basa en los siguientes,

HECHOS

PRIMERO.- Mi representado/a es acreedor/a [DESCRIPCIÓN] **(1)** de doña/don [NOMBRE PARTE CONTRARIA] y ha interpuesto demanda de reclamación de cantidad por deuda que asciende a [CANTIDAD] €, dando origen al presente procedimiento.

SEGUNDO.- Desde que la parte demandada ha tenido conocimiento del mismo, ha procedido a realizar actos de administración y disposición de su patrimonio empresarial con ánimo de perjudicar los intereses de mi poderdante.

Para acreditar estos extremos se incorporan una fotografía y anuncio en los que se observa que el demandado ha puesto un cartel anunciando el traspaso del negocio y ha procedido a liquidar el género a precios inferiores a los de fábrica, se acompañan como **documentos n.º** [NÚMERO] y [NÚMERO].

TERCERO.- En esta situación, la defensa de esta parte teme que la eventual sentencia condenatoria que pudiera recaer no pueda cumplirse, y considerando además que en la actualidad tiene la posibilidad de ofrecer caución consistente en aval suficiente para asegurar la indemnización de daños y perjuicios que proceda en su caso respecto del deudor ejecutado, realiza la presente petición de medida cautelar, al concurrir los requisitos de *fumus boni iuris* y *periculum in mora*.

CUARTO.- Se solicita administración judicial del negocio al tratarse de un bien productivo, y dado que la productividad del mismo es primordial para la efectividad de la condena, dado que el demandado carece de otros bienes.

QUINTO.- Se ofrece caución en forma de aval bancario por importe de [CANTIDAD] euros, cantidad suficiente para responder de los daños y perjuicios que la adopción de la medida pudiera causar al patrimonio del deudor.

A los anteriores hechos son de aplicación los siguientes

FUNDAMENTOS DE DERECHO

I.- COMPETENCIA

Es competente el juzgado al que nos dirigimos, de conformidad con el **artículo 723.1 de la Ley de Enjuiciamiento Civil**, al ser el del lugar del domicilio del demandado, y juzgado que conoce del procedimiento principal.

II.- CAPACIDAD

Ambas partes ostentan la capacidad necesaria para intervenir en la presente relación jurídico-procesal de acuerdo con los **artículos 6 y siguientes de la Ley de Enjuiciamiento Civil**.

III.- POSTULACIÓN Y DEFENSA

De acuerdo con las exigencias de los artículos 23 y 31 de la Ley de Enjuiciamiento Civil, esta parte comparece representada de Procurador y asistida de Letrado.

IV.- PROCEDIMIENTO

Solicitar las medidas cautelares conforme a lo dispuesto en el artículo 721 de la Ley de Enjuiciamiento Civil:

«1. Bajo su responsabilidad, todo actor, principal o reconvencional, podrá solicitar del tribunal, conforme a lo dispuesto en este Título, la adopción de las medidas cautelares que considere necesarias para asegurar la efectividad de la tutela judicial que pudiera otorgarse en la sentencia estimatoria que se dictare.

2. Las medidas cautelares previstas en este Título no podrán ser acordadas de oficio por el tribunal, sin perjuicio de lo que se disponga para los procesos especiales o para lo previsto en el apartado 3. Tampoco podrá éste acordar medidas más gravosas que las solicitadas.

3. Si, en aplicación de lo previsto en el artículo 43, el tribunal acordase la suspensión del proceso en que se ejercita la acción individual de un consumidor dirigida a obtener que se declare el carácter abusivo de una cláusula contractual, podrá acordar de oficio, sin necesidad de prestar caución, las medidas cautelares que considere necesarias para asegurar la eficacia de un eventual pronunciamiento estimatorio». (2)

Será tramitado por los cauces del **artículo 730.2 de la Ley de Enjuiciamiento Civil**, que establece que podrán también solicitarse medidas cautelares antes de la demanda si quien en ese momento las pide se basa en hechos y circunstancias que justifican la solicitud en esos momentos.

V.- ADECUACIÓN DE LA MEDIDA CAUTELAR

Concurren en el presente caso los presupuestos legales necesarios para la adopción de la medida cautelar instada previstos en los **artículos 726, 727 y 728 de la Ley de Enjuiciamiento Civil**.

Es exclusivamente tendente a hacer posible la efectividad de la tutela judicial que pudiera conceder una eventual sentencia estimatoria, y no es susceptible de sustitución por otra medida igualmente eficaz, pero menos gravosa o perjudicial para el demandado. Además, el solicitante ha expuestos los argumentos y justificaciones para posibilitar en el tribunal un juicio provisional e indiciario favorable al fundamento de su pretensión.

Finalmente destacar que se solicita administración judicial, la cual como establece el artículo 721.2 de la Ley de Enjuiciamiento Civil es adecuada para asegurar la ejecución de sentencias de condena a entregar bienes productivos o mejorar la productividad o cuando la garantía de ésta sea de primordial interés para la efectividad de la condena que pudiere recaer. Por ello, el **art. 738.2, pf. 2.º** LEC dispone que «si lo acordado fuera la administración judicial se procederá conforme a los artículos 630 y siguientes». Y en tal normación, el **art. 631 LEC** determina que deban controlarse rasgos como la clase concreta de bienes productivos sobre los que se fije, determinación del profesional sobre el que pueda recaer el cargo, número de administradores a nombrar, forma de su actuación y facultades, bien por mera intervención o por sustitución de los gestores, retribución que se fije por dicho cargo, cómo y quién satisfará o adelantará dicha remuneración, o momento de rendición de cuentas. Estos, en sede cautelar, serán elementos evaluables para determinar la eficacia y proporcionalidad de la medida propuesta.

Así, el **auto de la Audiencia Provincial de Madrid n.º 120/2017, de 13 de julio, ECLI:ES:APM:2017:3744A:**

> «En el ámbito del Derecho de sociedades, no parece descartable la comprensión de la sociedad misma como instrumento a través del que se controla una actividad productiva. Pero son dos cosas distintas, una es la sociedad, como persona jurídica, y otra es la concreta actividad productiva que esa entidad desarrolla. Ello determinar que, en principio y con carácter preferente, la medida de administración judicial no sea aplicable a la sociedad, sino a la actividad productiva, que no es lo mismo. Es decir, el art. 727.2º LEC determina que lo intervenido o controlado por la medida de administración judicial sea la actividad productiva misma, ej. las operaciones de comercio llevadas a cabo, pero no el funcionamiento interno de la sociedad en sí misma, de modo que no desplazaría la competencia de los administradores sociales respecto a la gestión, control y gobierno de la propia sociedad.
>
> (...) Además de lo anterior, debe recordarse que la medida cautelar de administración judicial está prevista para la protección y conservación de bienes productivos cuya entrega se pide en la pretensión principal de la parte. Esa función tuitiva de la productividad sólo puede ser lograda mediante una precisa y concreta determinación de la forma, contenido y alcance en la que se establezca tal administración judicial.
>
> Es decir, la medida cautelar de administración judicial sólo será eficaz y proporcionada a su finalidad según el concreto contenido con el que se haya propuesto y decretado. No puede sostenerse que baste con pedir y decretar en abstracto, genéricamente, la administración judicial para colmar el requisito de necesidad de la medida cautelar, art. 721.1 LEC, y el de proporcionalidad, de forma que sea la medida menos invasiva posible en los derechos e intereses ajenos, art. 726.1.2º LEC, o pueda ser sustituida por otra menos agresiva, pero igualmente eficaz para la conservación de la productividad de aquellos bienes».

VI.- *FUMUS BONI IURIS*

Existe un contrato [DESCRIPCIÓN] **(1)** a través del cual se demuestra la existencia de esa relación de contraprestación entre ambas partes.

VII.- *PERICLUM IN MORA*

En cuanto al *periculum in mora* previsto en el **artículo 728.1 de la LEC:**

«Sólo podrán acordarse medidas cautelares si quien las solicita justifica, que, en el caso de que se trate, podrían producirse durante la pendencia del proceso, de no adoptarse las medidas solicitadas, situaciones que impidieren o dificultaren la efectividad de la tutela que pudiere otorgarse en una eventual sentencia estimatoria», en este caso concreto el demandado trata de impedir la ejecución de la deuda llevando a cabo actos administrativos sobre su patrimonio. Actos que se ejecutan con mala fe, ya que es a partir del conocimiento de la demanda interpuesta en su contra que empieza a actuar de este modo. Se entiende que quiere llegar a una situación de insolvencia forzada cuando ha procedido a liquidar el género a un coste inferior que el unitario no dejando ningún margen de beneficio.

El **auto de la Audiencia Provincial de Lleida n.° 28/2014 de 13 de febrero, ECLI:ES:APL:2014:14A**: «(...) el "periculum in mora" vendrá configurado por la doble conceptuación de Calamandrei: peligro de infructuosidad y peligro de tardanza, recogido, sin duda, en las medidas cautelares que prevé el artículo señalado. Y en tal sentido, aquellas expresiones no sólo sirven para determinar el "periculum in mora" sino que harán que el peligro actúe como fundamento de la cautela a la vez que como criterio delimitador de la misma».

VIII.- CAUCIÓN

Se ofrece caución suficiente consistente en aval bancario por la cantidad de [CANTIDAD] euros, para responder de los posibles daños o perjuicios.

Por lo expuesto,

SUPLICO AL JUZGADO:

Que teniendo por presentado este escrito de **SOLICITUD DE MEDIDA CAUTELAR**, consistente en **ADMINISTRACIÓN JUDICIAL**, junto con los justificantes de traslado al Procurador de la parte contraria que se acompañan, se sirva admitirlo, y previa audiencia del deudor.

- Se dicte **AUTO** decretando la intervención judicial del negocio del demandado sito en [LUGAR] hasta cubrir el importe de [[CANTIDAD_EN_LETRA] euros ([CANTIDAD] €) a que asciende la deuda, más la suma de [CANTIDAD EN LETRA] euros ([CANTIDAD] €) que se calculan provisionalmente como intereses y costas, imponiendo las costas al deudor.

- Se **OFRECE** caución suficiente consistente en aval bancario por la cantidad de [CANTIDAD EN LETRA] euros ([CANTIDAD] €), para responder de los posibles daños o perjuicios.

- Es preceptiva la condena en costas, de conformidad con el artículo 736.1 en relación con el artículo 394 de la Ley de Enjuiciamiento Civil.

Por ser justicia que se pide en [LOCALIDAD] a [DÍA] de [MES] de [AÑO]

Firma: Abogado/a | Firma: Procurador/a

[FIRMA] [FIRMA]

OTROSÍ DIGO: a los efectos de acreditar que procede la medida instada pues concurren los requisitos que la ley exige, se propone como prueba al efecto, además de la documental aportada, la siguiente: [DOCUMENTO].

En su virtud,

SUPLICO AL JUZGADO:

Se acuerde admisión y práctica de la prueba propuesta.

Por ser justicia en lugar y fecha *ut supra*.

Firma: Abogado/a | Firma: Procurador/a

[FIRMA] [FIRMA]

(1) Especificar de dónde deriva la relación contractual y el origen de la deuda aportando los documentos necesarios.

(2) El RD-ley 6/2023, de 19 de diciembre, modifica el artículo 721 de la LEC con entrada en vigor el 20/03/2024. El extracto mostrado en este formulario constituye la versión vigente desde esa fecha.

Escrito de solicitando caución sustitutoria

Autos n.º [AUTOS NÚMERO]

AL JUZGADO [ESPECIFICAR] **(1)**

Don/Doña [NOMBRE PROCURADOR/A CLIENTE], procurador/a de los tribunales, colegiado/a n.º [NÚMERO COLEGIADO PROCURADOR/A CLIENTE], en nombre y representación de **don/doña** [NOMBRE CLIENTE], según tengo acreditado en autos, en el procedimiento de ejecución n.º [JUICIO NÚMERO] y bajo la dirección técnica del abogado/a **don/doña** [NOMBRE ABOGADO/A CLIENTE], colegiado n.º [NÚMERO COLEGIADO ABOGADO CLIENTE], ante el juzgado comparezco y como mejor proceda en derecho,

DIGO

Que formulo **SOLICITUD DE PRESTACIÓN DE CAUCIÓN SUSTITUTORIA DE LA MEDIDA CAUTELAR** se podrá formular conforme a lo previsto en el artículo 734 de la LEC, en base a las siguientes

ALEGACIONES

ÚNICA.- Con fecha [FECHA] se dictó auto por el que se despachaba ejecución y en virtud del cual se requería a mi representado para que cumpliera con su obligación y se adoptaba como medida de garantía, el embargo de bienes del ejecutado en cantidad suficiente para asegurar el pago de las eventuales indemnizaciones sustitutorias y las costas de la ejecución.

Habiéndose verificado dicho embargo en fecha [FECHA], y resultando gravoso para esta parte por los siguientes motivos [DESCRIPCIÓN], hace uso de la facultad contemplada en los **artículos 746 y 747 de la Ley de Enjuiciamiento Civil**, ofreciendo caución sustitutoria en forma de fianza en metálico que queda consignada en la cuenta de depósitos y consignaciones del juzgado, justificante que se acompaña como **documento n.º** [NÚMERO], y solicita que previo traslado a la contraria y tras la celebración de la vista correspondiente, se dicte Auto aceptando la caución y acordando se alce el embargo trabado, librándose al efecto los despachos oportunos para su cumplimiento.

En este sentido el **auto de la Audiencia Provincial de Huelva n.º 96/2011, de 28 de noviembre, ECLI:ES:APH:2011:1056A**:

> «La Exposición de Motivos de la Ley de Enjuiciamiento Civil proclama "... esta Ley ha optado por sentar con claridad las características generales de las medidas que pueden ser precisas para evitar que se frustre la efectividad de una futura Sentencia perfilando unos presupuestos y requisitos igualmente generales, de modo que resulte un régimen abierto de medidas cautelares y no un sistema de número limitado o cerrado...".
>
> Suele la doctrina comenzar la exposición de las medidas cautelares diciendo que como quiera que la función de juzgar y hacer ejecutar lo juzgado necesitan un periodo más o menos largo de tiempo para realizarse y que por ello la Resolución que en su día se dicte pudiera llegar a ser inútil, todos los sistemas

procesales contemplan la necesidad de garantizar dicha Resolución mediante el establecimiento de una serie de medidas cautelares que tienden a asegurar su eficacia como si se hubieran dictado cuando la demanda se presentó. Aparecen pues como medios jurídico-procesales que tienen como finalidad evitar que se realicen actos que impidan o dificulten la efectividad de la satisfacción de la pretensión».

Por todo ello,

SUPLICO AL JUZGADO:

Que teniendo por presentado este escrito con el documento que se acompaña y justificantes de traslado al Procurador de la parte contraria, se sirva admitirlo y al amparo de lo previsto en el artículo 746 de la Ley de Enjuiciamiento Civil, y previos los trámites oportunos, se acuerde aceptar la caución sustitutoria que se ofrece y en consecuencia se alce el embargo trabado, librándose los despachos correspondientes.

Por ser de Justicia que pido en [LOCALIDAD] a [FECHA].

Fdo. Abogado/a D./D.ª   Fdo. Procurador/a D./D.ª

[NOMBRE Y FIRMA LETRADO/A]   [NOMBRE Y FIRMA PROCURADOR/A]

---

(1) Juzgado que esté conociendo de las medidas cautelares.

Escrito solicitando medida cautelar de orden judicial de cesar provisionalmente en una actividad

AL JUZGADO DE PRIMERA INSTANCIA DE [LOCALIDAD]
QUE POR TURNO DE REPARTO CORRESPONDA

Don/Doña[NOMBRE PROCURADOR/A CLIENTE] procurador/a de los tribunales, en representación de don/doña [NOMBRE_CLIENTE], según acredito mediante comparecencia apud acta/poder general para pleitos, bajo la dirección letrada de **don/doña** [NOMBRE ABOGADO/A CLIENTE] con número de colegiado/a [NÚMERO COLEGIADO/A ABOGADO/A CLIENTE] del Ilustre Colegio de Abogados de [LOCALIDAD], ante el juzgado comparezco y, que por medio del presente escrito interesamos, **MEDIDAS CAUTELARES** correspondiendo las mismas en la **CESACIÓN DEFINITIVA DE LA ACTIVIDAD PROHIBIDA** y ello contra **don/doña** [NOMBRE PARTE CONTRARIA] con domicilio en C/ [CALLE], n.º [NÚMERO], CP [CÓDIGO POSTAL], [LOCALIDAD], [PROVINCIA] y provisto/a de DNI [NÚMERO].

Todo ello con base en los siguientes,

HECHOS

PRIMERO.- Mi representada, la Comunidad de Propietarios del edificio sito en [DIRECCIÓN].

Don/Doña [NOMBRE PARTE CONTRARIA] es inquilino/a de la vivienda sita en el piso [NÚMERO] del mismo edificio.

Don/Doña [NOMBRE PARTE CONTRARIA] ha estado realizado las siguientes actividades [IDENTIFICAR], que ha causado los siguientes daños y molestias [IDENTIFICAR], actividades que están completamente prohibidas en los Estatutos de la Comunidad de Propietarios.

Adjuntamos al presente escrito como **documento n.º** [NÚMERO] copia de los referidos Estatutos.

La presidencia de la Comunidad requirió al/a la inquilino/a la inmediata cesación de las actividades descritas bajo apercibimiento de iniciar las acciones judiciales procedentes.

Se acompaña al presente escrito como **documento n.º** [NÚMERO] acreditación del requerimiento por [MEDIO_FEHACIENTE].

Al persistir el infractor en su conducta se celebró junta de propietarios el día [MEDIO FEHACIENTE] en la que se aprobó autorización para entablar la presente acción de cesación.

Se acompaña certificación del acuerdo como **documento n.º** [NÚMERO].

SEGUNDO.- Por ende, esta parte solicita la medida cautelar de cesación de las citadas actividades, todo ello de acuerdo con el artículo 727. 7.ª de la Ley de Enjuiciamiento Civil:

> «Conforme a lo establecido en el artículo anterior, podrán acordarse, entre otras, las siguientes medidas cautelares:
> (...)

7.ª La orden judicial de cesar provisionalmente en una actividad; la de abstenerse temporalmente de llevar a cabo una conducta; o la prohibición temporal de interrumpir o de cesar en la realización de una prestación que viniera llevándose a cabo».

TERCERO.- Para la adopción de las medidas solicitadas, esta parte ofrece caución [DESCRIPCIÓN].

Al anterior hecho le es aplicación los siguientes,

FUNDAMENTOS DE DERECHO

I.- JURISDICCIÓN Y COMPETENCIA

La Jurisdicción civil es la encargada del conocimiento de esto procedimientos, de conformidad con lo dispuesto en los arts. 9 y 21 y concordantes de la Ley Orgánica del Poder Judicial (LOPJ).

Resulta competente el juzgado al que me dirijo de conformidad con lo dispuesto en el **artículo 723 de la LEC (1)**.

II.- CAPACIDAD Y LEGITIMACIÓN

Ambas partes ostentan la capacidad necesaria para intervenir en la presente relación jurídico-procesal de acuerdo con los artículos 6 y siguientes de la LEC.

Asimismo, se encuentran legitimados por ser las partes contratantes en el contrato cuyos efectos se solicitarán en la demanda principal, y ello de conformidad con lo dispuesto en el art. 10 y concordantes de la LEC.

III.- POSTULACIÓN Y DEFENSA

De acuerdo con las exigencias de los artículos 23 y 31 de la Ley de Enjuiciamiento Civil esta parte comparece representada de procurador/a y asistida de letrado/a.

IV.- CAUCIÓN

Se ofrece caución de [CANTIDAD] conforme a lo dispuesto en el **artículo 728 de la Ley de Enjuiciamiento Civil**.

V.- PROCEDIMIENTO

El asunto será tramitado por los cauces del **artículo 730.2 de la Ley de Enjuiciamiento Civil** que establece que, podrán también solicitarse medidas cautelares antes de la demanda si quien en ese momento las pide alega y acredita razones de urgencia o necesidad.

Cabe traer a colación la **sentencia del Tribunal Supremo n.º 410/2016, de 15 de junio, ECLI:ES:TS:2016:2889**:

> «La Audiencia Provincial no ha afirmado que las partes hayan zanjado la controversia de fondo mediante el acuerdo transaccional alcanzado. Lo que afirma es que, una vez dejada sin efecto la medida cautelar y devuelta a la solicitante la caución por el acuerdo alcanzado por las partes y homologado judicialmente, ha concluido por completo la pieza de medidas cautelares y no puede formularse oposición frente a una medida cautelar que ha sido previamente alzada y la caución devuelta; y que no puede declararse la responsabilidad de la promotora de la medida cautelar, prevista en el art. 730.2 de la Ley de Enjuiciamiento Civil, por no formular la demanda para obtener del capitán del buque Tiverton el conocimiento de embarque que pretendía, dentro de los veinte días siguientes a la adopción de la medida cautelar, puesto que el citado conocimiento de embarque le fue entregado en base al acuerdo alcanzado».

Del mismo modo, solicitar las medidas cautelares, que mediante el trámite de instancia de parte se requieren conforme a lo dispuesto en el **artículo 721 de la LEC**:

«1. Bajo su responsabilidad, todo actor, principal o reconvencional, podrá solicitar del tribunal, conforme a lo dispuesto en este Título, la adopción de las medidas cautelares que considere necesarias para asegurar la efectividad de la tutela judicial que pudiera otorgarse en la sentencia estimatoria que se dictare.

2. Las medidas cautelares previstas en este Título no podrán ser acordadas de oficio por el tribunal, sin perjuicio de lo que se disponga para los procesos especiales o para lo previsto en el apartado 3. Tampoco podrá éste acordar medidas más gravosas que las solicitadas.

3. Si, en aplicación de lo previsto en el artículo 43, el tribunal acordase la suspensión del proceso en que se ejercita la acción individual de un consumidor dirigida a obtener que se declare el carácter abusivo de una cláusula contractual, podrá acordar de oficio, sin necesidad de prestar caución, las medidas cautelares que considere necesarias para asegurar la eficacia de un eventual pronunciamiento estimatorio». **(2)**

Asimismo, continúa diciendo el mismo precepto que, en este caso, las medidas que se hubieran acordado quedarán sin efecto si la demanda no se presentare ante el mismo Tribunal que conoció de la solicitud de aquéllas en los veinte días siguientes a su adopción.

El letrado de la Administración de Justicia, de oficio, acordará mediante decreto que se alcen o revoquen los actos de cumplimiento que hubieran sido realizados, condenará al solicitante en las costas y declarará que es responsable de los daños y perjuicios que haya producido al sujeto respecto del cual se adoptaron las medidas.

VI.- FONDO DEL ASUNTO

1.- Según se desprende de lo dispuesto en el numeral 9 del **artículo 727 la Ley de Enjuiciamiento Civil**:

«Conforme a lo establecido en el artículo anterior, podrán acordarse, entre otras, las siguientes medidas cautelares:

(...)

7ª. La orden judicial de cesar provisionalmente en una actividad; la de abstenerse temporalmente de llevar a cabo una conducta; o la prohibición temporal de interrumpir o de cesar en la realización de una prestación que viniera llevándose a cabo».

En el presente supuesto se dan los requisitos para que pueda acordarse la cesación inmediata de las actividades prohibidas realizadas por don/doña [NOMBRE PARTE CONTRARIA], toda vez que se pretende sentencia que ordene la cesación de la actividad llevada a cabo por la parte demandada.

Así, interesa a esta parte traer a colación el **auto de la Audiencia Provincial de Vizcaya n.º 99/2018, de 1 de marzo, ECLI:ES:APBI:2018:318A**, que reza el tenor literal siguiente:

«(...) aplicación del artículo 727.7ª de la Ley de Enjuiciamiento Civil (RCL 2000, 34, 962 y RCL 2001, 1892), es la de aplicar un **criterio restrictivo, no solo por las características de tan citado aval, sino también por la repercusión de la medida frente a terceros** que no son parte en el proceso (...)».

2.- El **artículo 728.2 de la Ley de Enjuiciamiento Civil** establece que, el solicitante de medidas cautelares también habrá de presentar con su solicitud los datos, argumentos y justificaciones documentales que conduzcan a fundar, por parte del Tribunal, sin prejuzgar el fondo del asunto, un juicio provisional e indiciario favorable al fundamento de su pretensión. En defecto de justificación documental, el solicitante podrá ofrecerla por otros medios de prueba, que deberá proponer en forma en el mismo escrito.

En este caso, en lo que respecta a la apariencia de buen derecho, la prueba documental anticipada con la presente solicitud justifica por sí misma y sin que por el Tribunal sea prejuzgado el fondo del asunto, el juicio provisional e indiciario favorable al fundamento de la pretensión de esta parte.

3.- De acuerdo con lo dispuesto en el **artículo 728.3 de la Ley de Enjuiciamiento Civil**, esta parte ofrece caución consistente en aval bancario de la entidad [NOMBRE] por la suma de [CANTIDAD EN LETRA] euros ([CANTIDAD]), realizable en cualquier momento de conformidad con el artículo 529.3 de la Ley de Enjuiciamiento Civil.

Cabe traer a colación el **auto de la Audiencia Provincial de Valencia n.º 423/2016, de 07 de noviembre, ECLI:ES:APV:2016:978A**, reza lo siguiente:

> «Las medidas cautelares, reguladas en los arts. 721 a 747 LEC, son un proceso dirigido a enervar los obstáculos que puedan oponerse a la eficacia de un proceso principal. El proceso cautelar garantiza la eficacia del resultado de otro proceso. Esta función instrumental o accesoria implica que en la medida cautelar ha de concurrir el elemento de la idoneidad. Solo procede otorgar la tutela cautelar si la petición obedece de forma exclusiva a la finalidad de garantizar la efectividad de una eventual sentencia estimatoria de la demanda (ATS de 26 de junio de 2009, rec. 1128/2008)».

Idoneidad que se nos da en el caso concreto, además de por lo ya anteriormente expuesto, por [ESPECIFICAR].

4.- De lo expresado en los antecedentes fácticos únicamente nos queda por relacionarlo con lo preceptuado, concretamente, en el **art. 733 de la LEC**:

> «1. Como regla general, el tribunal proveerá a la petición de medidas cautelares previa audiencia del demandado.
>
> 2. No obstante lo dispuesto en el apartado anterior, cuando el solicitante así lo pida y acredite que concurren razones de urgencia o que la audiencia previa puede comprometer el buen fin de la medida cautelar, el tribunal podrá acordarla sin más trámites mediante auto, en el plazo de cinco días, en el que razonará por separado sobre la concurrencia de los requisitos de la medida cautelar y las razones que han aconsejado acordarla sin oír al demandado.
>
> Contra el auto que acuerde medidas cautelares sin previa audiencia del demandado no cabrá recurso alguno y se estará a lo dispuesto en el capítulo III de este título. El auto será notificado a las partes sin dilación y, de no ser posible antes, inmediatamente después de la ejecución de las medidas».

Y en el caso que nos ocupa está más que claro la urgencia de la adopción de las medidas, por lo que entendemos la necesidad de que se adopten sin audiencia de la adversa, únicamente supondría un aumento del perjuicio a todos los vecinos del edificio [DIRECCIÓN], que ya de por sí es de gran consideración.

Por todo lo expuesto,

SUPLICO AL JUZGADO:

Tenga por presentado este escrito, con sus copias y documentos que lo acompañan, se sirva admitirlo y tenerme por personado y parte en la representación que ostento y por formulada **SOLICITUD DE CESACIÓN DE LAS ACTIVIDADES LLEVADAS**

ACABO por D./D.ª [NOMBRE_PARTE_DEMANDADA] en la vivienda que tiene alquilada en [DIRECCIÓN], contra quien se pretende la posterior interposición de demanda.

Por ser justicia, en [LOCALIDAD] a [FECHA]

Fdo. Abogado/a D./D.ª   Fdo. Procurador/a D./D.ª

[NOMBRE Y FIRMA LETRADO/A]   [NOMBRE Y FIRMA PROCURADOR/A]

OTROSÍ DIGO: sea admitida la caución por esta parte ofrecida, sin perjuicio de que el tribunal la entienda innecesaria o acuerde otra superior.

En su virtud,

SUPLICO AL JUZGADO:

Tenga por presentada la caución interesada, se admita y se declare su suficiencia.

Por ser justicia, fecha y lugar *ut supra*

Fdo. Abogado/a D./D.ª   Fdo. Procurador/a D./D.ª

[NOMBRE Y FIRMA LETRADO/A]   [NOMBRE Y FIRMA PROCURADOR/A]

---

(1) El artículo 723.2 de la LEC ha sido objeto de modificación por el RD-ley 6/2023, de 19 de diciembre, que entró en vigor el 20 de marzo de 2024. Con la citada reforma se elimina el recurso extraordinario por infracción procesal para conocer de las solicitudes relativas a medidas cautelares que se formulen durante la sustanciación de la segunda instancia.

(2) El RD-ley 6/2023, de 19 de diciembre, modifica el artículo 721 de la LEC con entrada en vigor el 20/03/2024.

Solicitud de indemnización con cargo a la caución acordada

AL JUZGADO NÚMERO [NÚMERO] **DE** [LOCALIDAD]

Don/Doña [NOMBRE_PROCURADOR_CLIENTE], procurador de los Tribunales, en representación de **don/doña** [NOMBRE_CLIENTE] y bajo dirección letrada de **don/doña** [NOMBRE_ABOGADO_CLIENTE] ante este tribunal y como mejor proceda en derecho,

DIGO:

Que, bajo mandato de mi representado/a, presento este escrito para **solicitar los gastos derivados de la práctica de las diligencias preliminares solicitadas** por don/doña [NOMBRE], con domicilio en [DOMICILIO], basándome en los siguientes,

HECHOS

PRIMERO.- El día [DÍA] de [MES] de [AÑO], don/doña [NOMBRE] solicitó diligencias preliminares consistentes en [DESCRIPCIÓN].

SEGUNDO.- Acordada por el juzgado la práctica de dichas diligencias se exigió al solicitante la caución de [CANTIDAD] euros. Esta cuantía fue satisfecha en fecha [FECHA] tal y como puede comprobarse en el justificante de ingreso en la cuenta bancaria [NÚMERO CUENTA] que se adjunta con este escrito.

TERCERO.- Las mencionadas diligencias preliminares resultaron contrarias a las pretensiones de la parte solicitante **(1)**, por el siguiente motivo [DESCRIPCIÓN].

CUARTO.- Por lo tanto, esas diligencias preliminares han causado un perjuicio económico a mi representado valorado en [CANTIDAD] euros.

FUNDAMENTOS DE DERECHO

PRIMERO.- De acuerdo con lo establecido en los arts. 6 y siguientes de la Ley de Enjuiciamiento Civil, las partes poseen capacidad para entablar esta relación jurídico-procesal.

SEGUNDO.- Tanto la representación como la postulación de la parte se ajustan a lo establecido en los arts. 23 y siguientes de la Ley de Enjuiciamiento Civil.

TERCERO.- Con respecto al procedimiento a seguir, atendemos al art. 262.1 de la Ley de Enjuiciamiento Civil que dice:

> «Cuando se hayan practicado las diligencias acordadas o el tribunal las deniegue por considerar justificada la oposición, éste resolverá mediante auto, en el plazo de cinco días, sobre la aplicación de la caución a la vista de la petición de indemnización y de la justificación de gastos que se le presente, oído el solicitante».

Por lo expuesto

SOLICITO:

Se tenga por presentado el presente escrito, así como sus copias y documentos adjuntos, este juzgado se sirva admitirlo, y acuerde tener por efectuada la indemnización de gastos y perjuicios sufridos por esta parte.

Es justicia que se pide en [LOCALIDAD] a [DÍA] de [MES] de [AÑO]
Firma abogado/a | Firma procurador/a
[NOMBRE] [NOMBRE]

---

(1) Los gastos que se ocasionen a las personas que hubieren de intervenir en las diligencias serán a cargo del solicitante de las diligencias preliminares. Al pedir éstas, dicho solicitante ofrecerá caución para responder tanto de tales gastos como de los daños y perjuicios que se les pudieren irrogar La caución podrá prestarse en la forma prevista en el párrafo segundo del apartado 2 del artículo 64 de Ley de Enjuiciamiento Criminal.

Recurso de apelación contra auto que acuerda la adopción de medidas cautelares

Procedimiento [NÚMERO]

A LA AUDIENCIA PROVINCIAL DE [PROVINCIA] **(1)**

D./D.ª [NOMBRE_PROCURADOR_CLIENTE], procurador/a de D./D.ª [NOMBRE_CLIENTE], según tengo acreditado en los autos de juicio ordinario señalados con el número [NÚMERO] seguidos a instancia de la D./D.ª [NOMBRE_PARTECONTRARIA], y bajo la asistencia letrada de D./D.ª [NOMBRE_LETRADO] colegiado/a número [NÚMERO] del Ilustre Colegio de Abogados de [LOCALIDAD] ante la audiencia comparezco y como mejor proceda en Derecho,

DIGO:

Que en la representación que ostento y por medio del presente escrito, dentro del plazo que me ha sido conferido, interpongo, en tiempo y forma **RECURSO DE APELACIÓN** contra el auto [ESPECIFICAR] de fecha [FECHA], por el que se acuerdan las medidas cautelares solicitadas por la contraparte, todo ello, al amparo de lo dispuesto en el artículo 735.2 de la LEC que prevé que contra el auto por el que se acuerde medidas cautelares, cabrá recurso de apelación y de conformidad con las siguientes,

ALEGACIONES

PRIMERA.- En fecha [ESPECIFICAR] se ha notificado a esta representación AUTO [NÚMERO], por el que se acuerda la medida cautelar solicitada de contrario [ESPECIFICAR_MEDIDA_CAUTELAR] y cuya parte dispositiva es del siguiente tenor: [ESPECIFICAR].

SEGUNDA.- Entiende esta parte, siempre desde estrictos términos de defensa y con el mayor de los respetos, que la resolución objeto del presente recurso de apelación resulta contraria a derecho y perjudicial para los intereses de mi mandante, toda vez que en la meritada resolución se vulnera los requisitos que, para la adopción de medidas cautelares, preceptúan los artículos 726 y 728 de la LEC:

TERCERA.- Del análisis de la medida cautelar adoptada, [DESCRIPCIÓN] se infiere de manera clara y manifiesta que dicha medida no cumple en absoluto con el requisito de idoneidad que se desprende del artículo 726 LEC:

1.ª Ser exclusivamente conducente a hacer posible la efectividad de la tutela judicial que pudiere otorgarse en una eventual sentencia estimatoria, de modo que no pueda verse impedida o dificultada por situaciones producidas durante la pendencia del proceso correspondiente.

2.ª No ser susceptible de sustitución por otra medida igualmente eficaz, a los efectos del apartado precedente, pero menos gravosa o perjudicial para el demandado.

En este sentido nos apoyamos en lo expresado por la Audiencia Provincial de Valencia que en su auto n.º 423/2016, de 7 de noviembre, ECLI:ES:APV:2016:978A, reza:

> «Las medidas cautelares, reguladas en los arts. 721 a 747 LEC, son un proceso dirigido a enervar los obstáculos que puedan oponerse a la eficacia de

un proceso principal. El proceso cautelar garantiza la eficacia del resultado de otro proceso. Esta función instrumental o accesoria implica que en la medida cautelar ha de concurrir el elemento de la idoneidad. Solo procede otorgar la tutela cautelar si la petición obedece de forma exclusiva a la finalidad de garantizar la efectividad de una eventual sentencia estimatoria de la demanda (ATS de 26 de junio de 2009, rec. 1128/2008)».

CUARTO.- Asimismo, el auto objeto de recurso vulnera las estipulaciones contenidas en el artículo 728 de la LEC, al no concurrir, en el concreto caso de autos, uno de los tres presupuestos básicos que deben determinarse para el justo establecimiento de toda medida cautelar: el *fumus boni iuris*, o apariencia de buen derecho por parte del solicitante; el *periculum in mora*, o riesgo de que no se pueda ejecutar, en su momento, la resolución judicial que se dicte en el procedimiento, principal; y la prestación de fianza por el solicitante de la medida.

En lo que aquí nos interesa, establece el apartado 1.º del artículo 728 que «Sólo podrán acordarse medidas cautelares si quien las solicita justifica, que, en el caso de que se trate, podrían producirse durante la pendencia del proceso, de no adoptarse las medidas solicitadas, situaciones que impidieren o dificultaren la efectividad de la tutela que pudiere otorgarse en una eventual sentencia estimatoria». Tal y como afirma el **auto dictado por la Audiencia Provincial de Madrid n.º 74/2009, de 24 de abril, ECLI:ES:APM:2009:5259A, ha de cumplirse el requisito tradicionalmente exigido de peligro por la tardanza procesal** o *periculum in mora* **mediante el que se exige que exista un riesgo real de que la parte demandada pudiera aprovecharse de la duración del proceso para hacer inefectiva la tutela judicial que podría otorgarle la sentencia resolutoria.**

La existencia del peligro de mora se configura con un carácter objetivo, esto es, como una **probabilidad concreta de peligro para la efectividad** de la resolución que se **dicte sin que de contrario se haya acreditado, siquiera indiciariamente, la existencia de dicho peligro.**

En este sentido, resulta de interés traer a colación los tipos de riesgos que han sido señalados doctrinalmente y a los que se viene haciendo referencia por las distintas audiencias provinciales de nuestro país (en, entre otros, **AAP de Toledo n.º 19/2005, de 15 de marzo, ECLI:ES:APTO:2005:81A, AAP de Lleida n.º 28/2014, de 13 de febrero ECLI:ECLI:ES:APL:2014:14A y, n.º 1/2017, de 2 de enero, ECLI: ES:APL:2017:19A)** concretándose los siguientes:

> «a) Riesgos que amenazarían la posibilidad práctica de la efectividad de una sentencia en sentido genérico, es decir, por colocarse el demandado en situación de no poder cumplirla. Por ejemplo, el riesgo de insolvencia si se ha interpuesto una pretensión pecuniaria.
> b) Riesgos que amenazarían la efectividad de la sentencia en el supuesto de una ejecución específica. En el caso de entrega de una cosa determinada mueble, si no se hallare dicha cosa mueble por no haber adoptado la correspondiente cautela a lo largo del proceso principal, se tendrá que convertir la ejecución específica en una ejecución dineraria
> c) Riesgos que amenazarían la inefectividad de la ejecución en cuanto de no adoptarse las medidas cautelares correspondientes, transcurriría el tiempo y llegado el momento de la ejecución de la sentencia que ha acogido la pretensión del actor, éste podrá encontrarse con una situación irreversible;
> d) Riesgos que amenazan la utilidad práctica de los efectos no ejecutivos de la sentencia. Por ejemplo la estimación de una pretensión declarativa de dominio devendrá inútil, si en el desarrollo del proceso, el titular registral ha vendido el inmueble a un tercero de buena fe y éste ha suscrito a su favor».

La concreta formulación legal grava al peticionario con la carga de alegar y probar las circunstancias de las que infiera fundadamente la inminencia de un peligro para la efectividad de la sentencia estimatoria sin que, en el caso concreto dicho peligro haya quedado acreditado por la contraparte.

Por lo expuesto,

SUPLICO A LA AUDIENCIA:

Tenga por presentado este escrito, lo admita junto con sus documentos y copias, y tenga por interpuesto **RECURSO DE APELACIÓN,** contra el auto n.º [NÚMERO], y en su virtud dicte resolución por la que, estimando este recurso de apelación, revoque íntegramente la resolución de [FECHA], recaída en los autos [DESCRIPCIÓN] seguidos ante el juzgado n.º [NÚMERO] de [LOCALIDAD], declarando no ajustada a derecho la adopción de la medida cautelar adoptada, con lo demás procedente.

Por ser justicia que pido en [LOCALIDAD] a [DÍA] de [MES] de [AÑO].

Firma [NOMBRE_ABOGADO_CLIENTE] | Firma [NOMBRE_PROCURADOR_CLIENTE]

---

(1) El artículo 458 de la LEC se ve reformado por el RD-ley 6/2023, de 19 de diciembre, con entrada en vigor el 20/03/2024. Desde esa fecha el recurso de apelación se interpondrá ante el tribunal competente para conocerlo.

Oposición al recurso de apelación contra auto que acuerda la adopción de medidas cautelares

Procedimiento: [ESPECIFICAR]

Autos: [NÚMERO/AÑO]

A LA AUDIENCIA PROVINCIAL DE [LUGAR] **(1)**

Don/Doña [NOMBRE_PROCURADOR_CLIENTE], procurador/a de los tribunales y de **don/doña** [NOMBRE_CLIENTE], según tengo acreditado en los autos de juicio [ESPECIFICAR] señalados con el número [NÚMERO] bajo la dirección letrada de **don/doña** [NOMBRE_ABOGADO_CLIENTE], ante esta audiencia comparezco y como mejor proceda en Derecho,

DIGO

El día [FECHA] fue notificada resolución del letrado de la Administración de Justicia dando traslado a esta parte para formular oposición al recurso de apelación interpuesto por la parte adversa frente a la sentencia dictada el [FECHA] por la [AUDIENCIA] en el proceso de adopción de medidas cautelares [ESPECIFICAR]. Mediante el presente escrito vengo a formular **OPOSICIÓN AL RECURSO DE APELACIÓN**, en tiempo y forma, en base a las siguientes,

ALEGACIONES

PREVIA.- El presente escrito de oposición al recurso de apelación se presenta de acuerdo con el artículo 461 de la Ley de Enjuiciamiento Civil **(2)** que dispone:

> «1. Del escrito de interposición del recurso de apelación, el letrado o letrada de la Administración de Justicia dará traslado a las demás partes, emplazándolas por diez días para que presenten escrito de oposición al recurso o, en su caso, de impugnación de la resolución apelada en lo que le resulte desfavorable.
>
> 2. Los escritos de oposición al recurso y, en su caso, de impugnación de la sentencia por quien inicialmente no hubiere recurrido, se formularán con arreglo a lo establecido para el escrito de interposición.
>
> 3. Podrán acompañarse los documentos y solicitarse las pruebas que la parte o partes apeladas consideren necesarios, con arreglo a lo dispuesto en el artículo anterior, así como formularse las alegaciones que se estimen oportunas sobre la admisibilidad de los documentos aportados y de las pruebas propuestas por el apelante.
>
> 4. De los escritos de impugnación a que se refieren los apartados 1 y 2 de este artículo, el Letrado de la Administración de Justicia dará traslado al apelante principal, para que en el plazo de diez días manifieste lo que tenga por conveniente sobre la admisibilidad de la impugnación y, en su caso, sobre los documentos aportados y pruebas propuestas por el apelado.
>
> 5. En los procesos en los que sean de aplicación los artículos 81 y 82 del Tratado de la Comunidad Europea o los artículos 1 y 2 de la Ley de Defensa de la Competencia, el Letrado de la Administración de Justicia dará traslado a la Comisión Nacional de la Competencia del escrito de interposición del recurso de apelación».

PRIMERO.- OPOSICIÓN AL MOTIVO CORRELATIVO

Esta parte entiende que la resolución que se recurre es ajustada al derecho en este pronunciamiento por las siguientes razones:

Adecuación a la normativa vigente

El auto recurrido se ajusta a lo establecido en el artículo 735 de la Ley de Enjuiciamiento Civil, por el que se regula que «si el tribunal estimare que concurren todos los requisitos establecidos y considerare acreditado, a la vista de las alegaciones y las justificaciones, el peligro de la mora procesal, atendiendo a la apariencia de buen derecho, accederá a la solicitud de medidas, fijará con toda precisión la medida o medidas cautelares que se acuerdan y precisará el régimen a que han de estar sometidas, determinando, en su caso, la forma, cuantía y tiempo en que deba prestarse caución por el solicitante».

Falta de fundamentación suficiente

La parte apelante no ha aportado las pruebas suficientes que justifiquen la procedencia del recurso. El **Tribunal Constitucional en su sentencia 3/1996, de 15 de enero, ECLI:ES:TC:1996:3**, ha sido claro en cuanto a la importancia de la fundamentación de la apelación:

> «La importancia que el legislador ha querido atribuir a los escritos de alegaciones de las partes, trasladando el momento de fundamentación de la apelación del acto de la vista a los escritos de interposición y de impugnación del recurso, con lo que la vista ha perdido su carácter esencial para convertirse en un trámite no siempre necesario que, no obstante, es obligado cuando se practique prueba en la segunda instancia (art. 736 L.E.C.), trae consigo que el incumplimiento por el apelante de la carga de motivar el escrito de interposición con las alegaciones en que sustente la apelación, entrañe la inobservancia de un requisito procesal esencial para el correcto desarrollo del derecho a la tutela judicial efectiva en la fase de recurso, cuya omisión permitirá acordar la inadmisión del recurso en la fase inicial del procedimiento o, en su caso, facultará al órgano ad quem para desestimar el recurso sin entrar en el fondo de la pretensión impugnatoria (STC 64/1992)».

Existencia de *fumus boni iuris*

El auto objeto de recurso se adecúa a lo estipulado en el apartado segundo del artículo 728 de la LEC, que establece que: «el solicitante de medidas cautelares también habrá de presentar con su solicitud los datos, argumentos y justificaciones documentales que conduzcan a fundar, por parte del Tribunal, sin prejuzgar el fondo del asunto, un juicio provisional e indiciario favorable al fundamento de su pretensión».

En este sentido, nos apoyamos en el **auto de la Audiencia Provincial de Málaga n.º 552/2021, de 22 de diciembre, ECLI:ES:APMA:2021:1335A**:

> «Al igual que la Ley se exige al Juzgador la adopción de un juicio provisional, las partes han de ser conscientes de la provisionalidad de lo resuelto, así como de su motivación, debiendo tener siempre presente que lo que se está justificando es la adopción o rechazo de una medida cautelar y no la procedencia o improcedencia de la pretensión de fondo. Como bien se recoge en el en el auto citado la resolución recurrida, de la Audiencia Provincial de Teruel de 11 de abril de 2007, '... aun cuando la apariencia de buen derecho no puede equipararse a una prueba plena del derecho del actor, ya que para ello será necesario el desarrollo y conclusión del proceso para determinar si su derecho es o no apto para sustentar su pretensión, si exige rasgos de verosimilitud y fundamento en

su solicitud que doten al juzgador de la convicción de que la medida cautelar proviene de quien ostenta un derecho fundado, verosímil y ajeno a todo idea de utilización como medida de presión o de manera infundada»

Inexistencia de perjuicio grave

Las medidas cautelares acordadas en el auto recurrido no suponen un perjuicio grave para el demandado, pues se trata de una solución razonable y poco gravosa. En este sentido, se ha pronunciado la Audiencia Provincial de Madrid en su **auto n.º 107/2004, de 21 de abril, ECLI:ES:APM:2004:3198A**, donde señala:

«Con elemental precaución el art. 726, apartado 1.2.ª a impide acordar una medida cautelar que sea «susceptible de sustitución por otra medida igualmente eficaz pero menos gravosa o perjudicial para el demandado". Ante una solicitud de cualquier medida, el Juez ha de comprobar y decidir, de oficio y fundadamente, si para posibilitar o asegurar la ejecución es únicamente eficaz la actuación concretamente pedida o si, por el contrario, esta finalidad puede lograrse satisfactoriamente sin infligir al sujeto pasivo el detrimento –o los inconvenientes– que le deparará la medida solicitada. El art. 726, apartado 2 permite acordar actuaciones "de contenido similar a lo que se pretenda en el proceso". Es muy probable que el término "similar" encierre un cierto giro eufemístico, al que acaso se recurre para rehuir la más acre, abrupta e irritante –pero más conforme con lo que en realidad se quiere expresar– locución de "lo mismo" o "por completo idéntico"».

Riesgo de perjuicio y peligro por la mora procesal

El auto que acordaba las medidas cautelares tiene su fundamentación en la existencia de un riesgo para mi representado/a para el supuesto en que éstas no sean adoptadas. Es el artículo 728.1 de la LEC quien estipula que «sólo podrán acordarse medidas cautelares si quien las solicita justifica, que, en el caso de que se trate, podrían producirse durante la pendencia del proceso, de no adoptarse las medidas solicitadas, situaciones que impidieren o dificultaren la efectividad de la tutela que pudiere otorgarse en una eventual sentencia estimatoria».

De igual modo, se pronuncia la Audiencia Provincial de Málaga en el **auto n.º 552/2021, de 22 de septiembre**, anteriormente citado, que señala:

«Es requisito para que una medida cautelar sea adoptada, que exista un riesgo real de que, mientras se sustancia el proceso de declaración, el demandado pueda intentar maniobras fraudulentas que pongan en peligro o hagan imposible una futura ejecución - periculum in mora-, (STC 148/93 de 29 abril), y éste no se presume ni se sobreentiende, es obligación de quien pide la medida cautelar afirmar y probar la existencia del mismo. Y en relación con el 'periculum in mora', doctrinalmente se señalan como tipos de riesgos los siguientes: a) Riesgos que amenazarían la posibilidad práctica de la efectividad de una sentencia en sentido genérico, es decir, por colocarse el demandado en situación de no poder cumplirla. Por ejemplo, el riesgo de insolvencia si se ha interpuesto una pretensión pecuniaria. b) Riesgos que amenazarían la efectividad de la sentencia en el supuesto de una ejecución específica. En el caso de entrega de una cosa determinada mueble, si no se hallare dicha cosa mueble por no haber adoptado la correspondiente cautela a lo largo del proceso principal, se tendrá que convertir la ejecución específica en una ejecución dineraria. c) Riesgos que amenazarían la inefectividad de la ejecución en cuanto de no adoptarse las medidas cautelares correspondientes, transcurriría el tiempo y llegado el momento de la ejecución de la sentencia que ha acogido la pretensión del actor, éste podrá encontrarse con una situación irreversible d) Riesgos que amenazan la utilidad práctica de los efectos no ejecutivos de la sentencia. Por ejemplo la estimación de una pretensión declarativa de dominio devendrá inútil, si en el desarrollo del proceso, el titular registral ha vendido el inmueble a un tercero de buena fe y éste ha suscrito a su favor».

SEGUNDO.- DE LAS PRUEBAS PRESENTADAS Y SOLICITADAS DE ADVERSO (3)

Deben inadmitirse las pruebas presentadas y/o solicitadas por incumplimiento del artículo 460 de la LEC, que establece:

«1. Sólo podrán acompañarse al escrito de interposición los documentos que se encuentren en alguno de los casos previstos en el artículo 270 y que no hayan podido aportarse en la primera instancia.

2. En el escrito de interposición se podrá pedir, además, la práctica en segunda instancia de las pruebas siguientes:

1.ª Las que hubieren sido indebidamente denegadas en la primera instancia, siempre que se hubiere intentado la reposición de la resolución denegatoria o se hubiere formulado la oportuna protesta en la vista.

2.ª Las propuestas y admitidas en la primera instancia que, por cualquier causa no imputable al que las hubiere solicitado, no hubieren podido practicarse, ni siquiera como diligencias finales.

3.ª Las que se refieran a hechos de relevancia para la decisión del pleito ocurridos después del comienzo del plazo para dictar sentencia en la primera instancia o antes de dicho término siempre que, en este último caso, la parte justifique que ha tenido conocimiento de ellos con posterioridad.

3. El demandado declarado en rebeldía que, por cualquier causa que no le sea imputable, se hubiere personado en los autos después del momento establecido para proponer la prueba en la primera instancia podrá pedir en la segunda que se practique toda la que convenga a su derecho»

TERCER.- PRUEBAS

De conformidad con el **artículo 460 de la LEC** se presentan/solicitan las siguientes pruebas:

– [ESPECIFICAR]

Por lo expuesto,

SUPLICO A LA AUDIENCIA:

Que tenga por presentado este escrito, lo admita y tenga por formulado **ESCRITO DE OPOSICIÓN** al recurso de apelación interpuesto por Don/Doña [NOMBRE_PARTE_CONTRARIA], y que tras los trámites procesales oportunos, dicte resolución por la que se confirme la resolución recurrida con imposición de costas a la parte apelante.

Es de justicia que pido en [LOCALIDAD], a [DÍA] de [MES] de [AÑO].

[FIRMA_ABOGADO/A] | [FIRMA_PROCURADOR/A]

---

(1) El RD-ley 6/2023, de 19 de diciembre, modifica el artículo 458 de la LEC, con entrada en vigor el 20/03/2024. Conforme a lo anterior, la versión vigente desde esa fecha determina que el recurso de apelación se interpondrá directamente ante el tribunal que sea competente para conocer del mismo en el plazo de veinte días desde la notificación de la resolución impugnada, debiendo acompañarse copia de dicha resolución.

(2) El RD-ley 6/2023, de 19 de diciembre, modifica el primer apartado del artículo 461 de la LEC, con entrada en vigor el 20/03/2024. El extracto mostrado en este formulario constituye la versión vigente desde esa fecha.

(3) Deben alegarse las razones por las que tienen que desestimarse las pruebas presentadas o solicitadas por la parte contraria, si no cumplen los requisitos de los artículos 270 y 460 de la LEC.

Escrito de oposición a medida cautelar de embargo preventivo de bienes

AL JUZGADO DE PRIMERA INSTANCIA DE [LOCALIDAD]

D./Dña. [NOMBRE], procurador/a de los tribunales, en nombre y representación de D./Dña. [NOMBRE], mayor de edad, con domicilio en C/ [CALLE], Nº [NÚMERO], CP [CÓDIGO_POSTAL], [LOCALIDAD], [PROVINCIA], provisto de DNI [NÚMERO] bajo la dirección letrada de D./Dña. [NOMBRE], colegiado/a número [NÚMERO], ICA [LOCALIDAD], según se acredita por medio de escritura de poder que se acompaña como **Documento N.º** [NÚMERO], ante el juzgado comparece y como mejor proceda en Derecho,

DICE:

Que, siguiendo instrucciones de mi mandante, por medio del presente escrito vengo a formular **OPOSICIÓN AL EMBARGO PREVENTIVO DE BIENES** solicitado por el Procurador D./Dña. [NOMBRE], en nombre y representación de D./Dña. [NOMBRE] y decretado *inaudita parte* por resolución de este juzgado de fecha [DÍA] de [MES] de [AÑO], y todo ello con base en los siguientes:

HECHOS

PRIMERO.- Con fecha [FECHA], el procurador/a, D./Dña. [NOMBRE] solicitó de este Juzgado la práctica del embargo preventivo de bienes cuyo titular es mi mandante.

SEGUNDO.- Dicha solicitud fue estimada por medio de auto de fecha [FECHA] con caución a ofrecer por el solicitante que ascendía al importe de [CANTIDAD] €.

Adjuntamos al presente escrito copia del mencionado auto como **Documento N.º** [NÚMERO].

TERCERO.- Dicho auto fue notificado a esta parte con fecha [FECHA], por lo que dentro del plazo legal de 20 días establecido al respecto esta parte formula oposición al embargo preventivo.

A los anteriores hechos resultan de aplicación los siguientes,

FUNDAMENTOS DE DERECHO

PRIMERO.- JURISDICCIÓN Y COMPETENCIA

De tramitación ante la jurisdicción civil en aplicación lo estipulado en los **arts. 21 y ss. de la LOPJ**, así como lo establecido en al **art. 36 de la LEC**.

Resulta competente el Juzgado de Primera Instancia al que me dirijo de conformidad con lo dispuesto en **el artículo 723 de la Ley 1/2000, de 7 de enero, de Enjuiciamiento Civil** (Ley de Enjuiciamiento Civil).

SEGUNDO.-CAPACIDAD Y LEGITIMACIÓN

Ambas partes ostentan la capacidad necesaria para intervenir en la presente relación jurídico-procesal de acuerdo con los **artículos 6 y siguientes de la Ley de Enjuiciamiento Civil**.

TERCERO.- POSTULACIÓN Y DEFENSA

Mi mandante comparece representada por procurador/a y asistido por abogado/a, conforme a lo dispuesto en los **artículos 21 y 31 de la Ley de Enjuiciamiento Civil**.

CUARTO.- FONDO DEL ASUNTO

El presente escrito se presenta cumpliendo con el plazo de veinte días desde la notificación del auto por el que se acordó la medida, así como de acuerdo con el **artículo 740 de la LEC**, por el cual: «El que formule oposición a la medida cautelar podrá esgrimir como causas de aquélla cuantos hechos y razones se opongan a la procedencia, requisitos, alcance, tipo y demás circunstancias de la medida o medidas efectiva mente acordadas, sin limitación alguna», fundándose en el **artículo 727.2 del mismo cuerpo legal**, el cual hace mención a las siguientes medidas cautelares: «Conforme a lo establecido en el artículo anterior, podrán acordarse, entre otras, las siguientes medidas cautelares (...) 1ª El embargo preventivo de bienes, para asegurar la ejecución de sentencias de condena a la entrega de cantidades de dinero o de frutos, rentas y cosas fungibles computables a metálico por aplicación de precios ciertos».

En este sentido la **sentencia Audiencia Provincial de A Coruña n.º 225/2001, de 11 de mayo, ECLI:ES:APC:2001:1475**, señala que «(...) en una primera corriente entendía que únicamente podía discutirse el "periculum in mora", **se ha venido imponiendo el criterio de la posibilidad de que puede valorarse el título esgrimido por el solicitante del embargo y oponerse al embargo en base a que la situación cautelable alegada no reúna los requisitos exigidos por insuficiencia de acreditamiento documental, sin que ello implique trasladar a este proceso el contenido del principal pues es en éste donde habrá de examinarse en plenitud la pretensión** (SSAP Las Palmas 02/07/1999), Asturias 18/11/1997)».

QUINTO.-PROCEDIMIENTO

Será tramitado por los cauces del **artículo 739 de la Ley de Enjuiciamiento Civil**, que establece que, en los casos en que la medida cautelar se hubiera adoptado sin previa audiencia del demandado, podrá éste formular oposición en el plazo de veinte días contados desde la notificación del auto que acuerda las medidas cautelares.

Asimismo, de acuerdo con lo dispuesto por el **artículo 739 de la Ley de Enjuiciamiento Civil**, en los casos en que la medida cautelar se hubiera adoptado sin previa audiencia del demandado, podrá éste formular oposición en el plazo de veinte días contados desde la notificación del auto que acuerda las medidas cautelares.

SEXTO.-CAUCIÓN

De acuerdo con el **artículo 740 de la Ley de Enjuiciamiento Civil**, «el que formule oposición a la medida cautelar podrá esgrimir como causas de aquélla cuantos hechos y razones se opongan a la procedencia, requisitos, alcance, tipo y demás circunstancias de la medida o medidas efectivamente acordadas, sin limitación alguna. También podrá ofrecer caución sustitutoria, con arreglo a lo dispuesto en el capítulo V de este título».

Por ello,

SUPLICO AL JUZGADO, que tenga por presentado este escrito con sus documentos y copia de todo ello, se sirva admitirlo y me tenga por personado en la representación que ostento y se entiendan conmigo las sucesivas actuaciones, y tenga por formulada **OPOSICIÓN A LA MEDIDA CAUTELAR de embargo preventivo de bienes**, acordada por auto de [FECHA], y previos los trámites legales oportunos, se cite a las partes a la correspondiente vista para formular las correspondientes alegaciones, todo ello con suspensión de las diligencias ya acordadas.

Por ser justicia que se pide en [CIUDAD] a [DÍA] de [MES] de [AÑO]

Fdo. Abogado/a D./D.ª   Fdo. Procurador/a D./D.ª

[NOMBRE Y FIRMA LETRADO/A]   [NOMBRE Y FIRMA PROCURADOR/A]

OTROSÍ DIGO, que en cumplimiento del último párrafo del artículo 740 de la Ley de Enjuiciamiento Civil, esta parte ofrece al tribunal la siguiente caución sustitutoria: [CANTIDAD_EN_LETRA] euros ([CANTIDAD] €).

Por ser Justicia en lugar y fecha *ut supra*.

Fdo. Abogado/a D./D.ª   Fdo. Procurador/a D./D.ª

[NOMBRE Y FIRMA LETRADO/A]   [NOMBRE Y FIRMA PROCURADOR/A]